RECVEIL
DES DECLARATIONS

du Roy, Portant Interdiction des
Cours de Parlement, des Aydes, Bureau
des Finances, Lieutenant General, & du
Corps de Ville de la Ville de Roüen.

Enfemble les Commiffions pour exercer les charges des Officiers Inter-
dits, & autres Declarations de fa Majefté & Arrefts de fon Confeil
concernans le reftabliffement des Bureaux & autres affaires de la
Prouince de Normandie.

A ROVEN,
De l'Imprimerie de DAVID DV PETIT VAL,
& IEAN VIRET, Imprimeurs ordinaires
du Roy.

M. DC. XL.

Auec Priuilege de fa Maiefté.

DECLARATION DV ROY,

portant Interdiction de la Cour des Aydes de Roüen.

LOVIS PAR LA GRACE DE DIEV ROY DE FRANCE ET DE NAVARRE, A tous ceux qui ces presentes Lettres verront, Salut. Comme nous sommes obligez pour souftenir les despences de la guerre de faire diuerses leuées sur nos peuples, Nous auons fait l'establissement de plusieurs droicts par nos Declarations & Arrests de noftre Conseil, dont souuent pour éuiter les longueurs qu'apportent les Compagnies à l'enregiftrement, nous ne leur en auons fait l'adresse, Mais nous nous sommes contentez de suiure les formes accouftumées en pareille nature d'affaires qui font plus promptes à l'execution : Neantmoins lors que nous en pensions tirer le secours & l'assiftance en noftre Prouince de Normandie, noftre Cour des Aydes eftablie en noftre Ville de Roüen, par vn attentat extraordinaire fur noftre Auctorité, a fait des deffences de faire aucunes leuées de deniers, ny de mettre à execution aucuns Edicts qu'ils n'euffent efté enregiftrez en leur Compagnie : Ce qui a donné suject à nos subjects de noſtredite Prouince (ſous ce pretexte) de retarder de payer ce que nous auions ordonné, & en ſuitte de faire les ſouſleue-mens qui ſont arriuez en icelle : Au moyen dequoy nous auons eſté priuez (au grand prejudice de nos affaires) du prompt ſecours que nous nous eſtions promis deſdites leuées. Et d'autant que ce procedé qui eſt tres-prejudiciable à no-ſtre ſeruice, a eſté cauſe des deſordres qui ſe ſont paſſez en ladite Prouince, nous oblige à faire ſentir à ladite Cour des Aydes les effects de noſtre indignation, & la priuer de l'au-ctorité dont elle abuſe & s'eſt rendu indigne. Sçavoir ſaiſons, Que Nous pour ces cauſes, De l'Aduis de noſtre Conſeil, où eſtoient noſtre tres-cher & tres-amé Frere vnique le Duc d'Orleans, & autres principaux Seigneurs & Officiers de cette Couronne, Avons dit & declaré, diſons & declarons par ces preſentes ſignées de noſtre main, voulons & nous plaiſt, Que ladite Cour des Aydes de Roüen & les Officiers d'icelle demeurent interdicts, Comme de fait nous les interdiſons de tout exercice & fonction de leurs charges, Deffendons à tous nos ſubjects de les recognoiſtre en qualité de Iuges, Declarans dés à preſent tous Arreſts, Iugemens, & autres actes que ladite Cour pourroit rendre cy-apres, ſoit en corps ou autrement, nuls & de nul effect, & ce iuſques à ce que par Nous autrement en ayt eſté ordonné. Com-mandons à nos Huiſſiers qu'à ce faire commettons, ſe tranſ-porter à ladite Cour des Aydes de Roüen, & icelle ſeante, luy ſignifier ces preſentes nos lettres d'interdiction, à ce qu'el-le n'en pretende cauſe d'ignorance, luy faiſant commande-ment d'y defferer & obeyr, Et aux Officiers d'icelle de ſortir quatre iours apres ladite ſignification, de ladite Ville, & ſe rendre à noſtre Cour & ſuitte, ſur peine d'eſtre procedé

contre eux comme contreuenans à nos commandemens;
Faifant à cette fin par lefdits Huifliers tous exploicts requis
& neceffaires, fans demander placet, vifa, ne pareatis ; Nonobftant auffi Clameur de Haro, Chartre Normande, prife à
partie, & autres chofes à ce contraires, C A R tel eft noftre
plaifir : En tefmoing dequoy nous auons fait mettre noftre
fcel à cefdites prefentes. D O N N E' à Sainct Germain en
Laye le dixfeptiefme iour de Decembre, l'an de grace mil
fix cens trente-neuf. Et de noftre Regne le trentiefme.
Signé, L O V I S. Et fur le reply, Par le Roy, P H E L Y P E A V X.
Et fcellé fur double queuë d'vn grand fcel en cire jaulne.

L 'An mil fix cens quarante, le troifiéme iour de Ianuier, enuiron les neuf
à dix heures de matin, Nous Nicolas Tourte & Claude le Gay Huiffiers ordinaires du Roy en fes Confeils d'Eftat & Priué fouffignez, fuiuant le
commandement à nous donné de la part de fa Majefté par ordre de Mõfeigneur
le Chancelier, fommes tranfportez par deuers les Sieurs Prefidens & Confeillers du Roy de la Cour des Aydes de Roüen, affemblez au lieu où ils
exercent la Iuftice deuant l'Eglife Noftre Dame, & parlant à eux, leur auons
monftré & fignifié les Lettres patentes de fa Majefté, portant Interdiction
de l'exercice & fonction de leurs charges, données à Sainct Germain en Laye
le dixfeptiéme iour de Decembre dernier, Signées L O V I S. Et fur le
reply, Par le Roy, P H E L Y P E A V X. Et fcellées du grand Sceau de cire
jaulne : Defquelles leur a efté fait lecture à haute voix par nous le Gay, & leur
auons fait commandement de par fa Majefté de fe feparer prefentement, &
retirer chacun d'eux en leurs Maifons, fans faire aucune affemblée ny deliberation, & declaré qu'ils n'ont plus de pouuoir de faire aucune fonction de
leurs charges ; A quoy ils ont fatisfait, & fommes demeurez en la Chambre où ils eftoient affemblez, iufques & apres les auoir veus tous fortir d'i-
celle, aufquels auons baillé & laiffé coppie defdites Lettres, auec autant de
noftre prefent procez verbal, & icelle mife és mains de l'vn d'iceux : Et à
l'inftant auons enjoint à Maiftre Charles de l'Eftoille Greffier en chef de ladite Cour des Aydes, eftant en ladite Chambre, d'aller trouuer mondit Sei-

gneur le Chancelier, & luy porter fon Regiftre qu'il tient en l'exercice de
fon Greffe, Ce qu'il a promis faire: Laquelle fignification, Interdiction &
contenu cy-deffus, nous auons à l'inftant denoncé & fait fçauoir aux fieurs
Gens du Roy de ladite Cour, parlant au fieur le Page Procureur General,
eftant en ladite Chambre, àce que de leur part ils ayent à y obeïr & fatisfaire.

Signé,　　TOVRTE.　　&　　LE GAY.

DECLARATION DV ROY,

portant Interdiction de la Cour de Parlement de Roüen.

OVIS PAR LA GRACE DE DIEV ROY DE FRANCE ET DE NAVARRE, A tous ceux qui ces presentes Lettres verront, Salut. Lors que les Roys nos predecesseurs en instituant les Parlemens, leur ont commis vne si grande partie de leur Puissance & de leur Auctorité, ce n'a pas seulement esté pour rendre la Iustice à leurs subjets, mais aussi pour les contenir dans les deuoirs d'vne parfaicte & legitime obeïssance : C'est pourquoy ils ne se sont pas contentez de deposer entre leurs mains leur Iustice distributiue, mais afin d'obliger les peuples vers eux à vne plus grande reuerence, ils les ont honorez des plus augustes marques de leur grandeur , & des ornemens mesmes de la Royauté : Ainsi, tant que ces Compagnies souueraines ont auec zele & courage fait respecter la Majesté Royale , Les Roys se sont pleus à les maintenir en leur dignité, à recognoistre leurs seruices & à leur departir liberalemét leurs faueurs: Mais lors qu'elles ont negligé le principal deuoir de leurs charges, qui consiste à conseruer la reuerence deuë à l'auctorité du Prince , Les mesmes Roys nos predecesseurs ont tousiours estimé auec grande raison qu'en telles occasions la ſeuerité eſtoit neceſſaire pour éuiter les dangereuſes ſuittes d'vn pernicieux exemple, lequel ne ſçauroit eſtre pire que lors que le peuple, qui imite volontiers les actions des Magiſtrats ordonnez pour ſa conduite, voit abaiſſer par leurs propres mains la Majeſté du ſouuerain, qu'ils deuroient releuer & ſouſtenir aux deſpens meſmes de leur vie. C'eſt cette conſideration à qui noſtre grand regret nous oblige d'vſer de chaſtiment enuers noſtre Cour de Parlement de Roüen: Puiſque durant que nous eſtions ſur les frontieres de noſt Royaume, expoſant noſtre Perſonne aux incommoditez & aux perils d'vn long voyage pour le bien de nos ſubjets, Il a veu & ſouffert qu'vne populace mutinée ayt pris les armes, ayt démoly les maiſons qui ſeruoient de Bureau à nos Receptes, en ayt emporté les tiltres, auec l'argent de nos finances, ayt trempé ſes mains dans le ſang de ſes concitoyens, & commis tous les crimes dont eſt capable la fureur d'vne ſedition que la negligence, la conniuence & la laſcheté des Magiſtrats laiſſe croiſtre iuſques aux derniers excés que peuuent produire l'audace & la temerité lors qu'elles ne ſont point reprimées: Cette faute eſt ſi grande en ceux qui ont receu la plus precieuſe partie de noſtre Puiſſance, & qui par vn priuilege particulier, ayant auſſi le commandement des armes de noſtredite ville de Roüen, eſtoient doublement obligez d'arreſter le cours de ces deſordres, que nous ne pouuons ſeulement la diſſimuler, mais nous nous trouuons contraints de la punir par vn chaſtiment exemplaire, afin de retenir dans le deuoir ceux qui voudroient ſe porter à l'aduenir à de ſemblables actions. Sçavoir faisons, Que Nous pour ces cauſes eſtant deuëment informez de la faute & mauuaiſe conduite de noſtredite Cour de Parlement ſur le faict deſdites rebellions: De l'advis de noſtre Conſeil, où eſtoient

estoient nostre tres-cher & tres-amé Frere vnique le Duc d'Orleans , & autres principaux Seigneurs & Officiers de cette Couronne, A v o n s dit & declaré, disons & declarons par ces presentes signées de nostre main, voulós & nous plaist, Que nostredite Cour de Parlement de Roüen & Officiers d'icelle demeurent interdicts, Comme de fait nous les interdisons de tout exercice & fonction de iustice soit en corps ou autrement : Deffendons à tous nos subjets de son Ressort, de recognoistre lesdits Officiers en qualité de Iuges, Declarons dés à present tous Iugemens , Arrests & autres actes qu'ils pourroient rendre cy-apres, nuls & de nul effect, & ce iusques à ce que par Nous autrement en ayt esté ordonné. Commandons à nos Huissiers qu'à ce faire commettons, se transporter à ladite Cour de Parlement de Roüen , & icelle seante, luy signifier ces presentes nos lettres d'interdiction à ce qu'elle n'en pretende cause d'ignorance , luy faisant commandement d'y defferer & obeyr, Et aux Officiers d'icelle de sortir quatre iours apres ladite signification , de ladite Ville , & se rendre à nostre Cour & suitte , sur peine d'estre procedé contre eux comme contreuenans à nos commandemens. Faisant à cette fin par lesdits Huissiers tous exploicts requis & necessaires, sans demander placet, visa, ne pareatis : Nonobstant aussi Clameur de Haro , Chartre Normande , prise à partie, & autres choses à ce contraires, C a r tel est nostre plaisir : En tesmoing dequoy nous auons fait mettre nostre scel à cesdites presentes. D O N N E' à Sainct Germain en Laye le dixseptiesme iour de Decembre, l'an de grace mil six cens trente-neuf. Et de nostre Regne le trentiesme. Signé, L O V I S. Et sur le reply, Par le Roy, P H E L Y P E A V X. Et scellé sur double queuë d'vn grand scel en cire iaulne.

L'AN mil six cens quarante, le troisieme iour de Ianuier, enuiron les sept à huict heures de matin, Nous Nicolas Tourte & Claude le Gay Huissiers ordinaires du Roy en ses Conseils d'Estat & Priué, suiuant le commandement à nous fait de la part de sa Majesté par ordre de Monseigneur le Chancelier, sommes transportez en la grande Chambre du Conseil de la Cour du Parlement de Roüen, au Palais de ladite Ville, où estoient toutes les Chambres assemblées, & parlant à tous les sieurs Presidents & Conseillers du Roy y seant, leur auons monstré & signifié les Lettres Patentes de sadite Majesté, Portant Interdiction de l'exercice & fonction de leurs charges, données à Sainct Germain en Laye le dixseptiéme iour de Decembre dernier, signées LOVIS. Et sur le reply, Par le Roy, PHELYPEAVX. Et scellées: Desquelles leur a esté fait lecture à haute voix par nous Tourte, & leur auons fait Commandement de par sa Majesté de se separer presentement en nos presences, & retirer chacun d'eux en leurs Maisons, sans faire aucune assemblée ny deliberation, & declaré qu'ils n'ont plus de pouuoir de faire aucune fonction de leurs charges, à ce qu'ils n'en pretendent cause d'ignorance, & ayent à y obeïr: A quoy ils ont satisfait, & sommes demeurez en ladite Chambre, iusques apres les auoir veus tous sortir d'icelle, ausquels auons baillé & laissé coppie desdites Lettres auec autant de nostre present procez verbal, & icelle mise és mains de l'vn deux : Et auons à l'instant enjoint à Maistre Sanson Vaignon Greffier en chef de ladite Cour de Parlement estant en ladite Chambre, d'aller voir & parler à mondit-Seigneur le Chancelier, & luy porter son Regiftre qu'il tient en l'exercice de son Greffe, ce qu'il nous a promis faire : Laquelle signification, interdiction & contenu cy-dessus, nous auons aussi à l'instant denoncé & fait sçauoir aux sieurs Gens du Roy de ladite Cour, parlant au sieur le Guerchois Conseilller du Roy & son Aduocat General en ladite Cour de Parlement, en leur Parquet, à ce que de leur part ils ayent à y satisfaire & obeïr.

Signé,   TOVRTE.   &   LE GAY.

EXTRAICT DES REGISTRES
DV CONSEIL D'ESTAT.

EV PAR LE ROY estant en son Conseil, ses Lettres Patentes scellées de son grand sceau, portant interdiction aux Officiers de la Cour de Parlement de Roüen, de la fonction de leurs charges, auec la signification faite desdites Lettres à ladite Cour par les Huissiers dudit Conseil, le troisiesme du present mois de Ianuier mil six cens quarante. Sa Majesté iugeant necessaire de pouruoir de Iuges pour terminer les affaires de la cognoissance de ladite Cour, attendant qu'elle ayt fait establissement d'vne autre Compagnie, afin que la iustice soit renduë à ses Subjects, a euoqué & euoque à soy & à sondit Conseil, tous les Procez & differents, tant ciuils que criminels, pendant en ladite Cour de Parlement de Roüen, Ordonne que sur iceux les parties procederont en sondit Conseil, & ce par les formes & procedures accoustumées estre obseruées en ladite Cour : Et pour cet effet enjoint sadite Majesté aux Greffiers, Aduocats, Huissiers & Procureurs de ladite Cour, de continuer la fonction de leurs charges, & faire tout ce qui sera necessaire pour l'instruction & iugement desdits Procez ainsi & en la forme qu'ils faisoient en ladite Cour. ORDONNE en outre sadite Majesté, que les appellations des iugemens rendus par les Iuges de sa Prouince de Normandie qui ressortissoient nuëment en ladite Cour, seront releuées en sondit Conseil, pour estre terminées & iugées en iceluy, auquel à l'effect que dessus, sadite Majesté, entant que besoin seroit, a attribué toute Cour, Iurisdiction & cognoissance desdits Procez & differents tant ciuils que criminels, meuz & à mouuoir, icelle interdite à tous autres Iuges. VEVT que sondit Conseil procede incessamment à l'expedition & iugement desdits Procez selon les formes pratiquées dans ledit Parlement, & selon l'vsage & coustumes de la Prouince de Normandie, & ce iusques à ce qu'autrement par sadite Majesté ayt esté pourueu de Iuges pour faire la fonction dudit Parlement. Fait au Conseil d'Estat du Roy, Sa Majesté y estant, tenu à Sainct Germain en Laye le quatriesme iour de Ianuier mil six cens quarante. Signé, PHELYPEAVX.

LOVIS par la grace de Dieu Roy de France & de Nauarre, A nos amez & feaux Conseillers en nostre Conseil d'Estat & Priué, Salut. Suiuant l'Arrest dont Extraict est cy-attaché, cejourd'huy par nous donné, nous auons euoqué à Nous & à nostredit Conseil tous les Procez & differents, tant ciuils que criminels, pendans en nostre Cour de Parlement de Roüen, Ordonné & ordonnons par ces presentes signées de nostre main, que sur iceux les parties procederont en nostredit Conseil, & ce par les formes accoustumées estre obseruées en ladite Cour ; & pour cet effect auons enjoint & enjoignons aux Greffiers, Aduocats, Huissiers & Procureurs de ladite Cour, de continuer la fonction de leurs charges, & faire tout ce qui sera necessaire pour l'instruction & iugement desdits Procez ainsi & en la mesme forme qu'ils faisoient en ladite Cour : Auons en outre ordonné & ordonnons, que les appellations des Iugemens rendus par les Iuges de nostre Prouince de Normandie qui ressortissoient nuëment en ladite Cour, seront releuées en nostredit Conseil, pour estre par vous iugées & terminées en iceluy, vous en ayant entant que besoin est ou seroit, attribué & attribuons par cesdites presentes, toute Cour, Iurisdiction & cognoissance desdits Procez & differents ciuils & criminels, meus & à mouuoir : Icelle interdite & deffenduë, interdisons & defendons à tous autres Iuges quelsconques : Et vous mandons & ordonnons que vous ayez à proceder inceſſamment à l'expedition & iugement deſdits Procez, ſelon les formes pratiquées dans ledit Parlement, & ſelon l'vſage & couſtumes de noſtredite Prouince de Normandie, Le tout iuſques à ce que par Nous ayt eſté pourueu de Iuges pour faire la fonction dudit Parlement ; de ce faire vous auons donné & donnons tout pouuoir, authorité, commiſſion & mandement ſpecial par ceſdites preſentes : Mandons à tous nos Iuſticiers, Officiers & Subjects qu'il appartiendra, vous recognoiſtre & vous rendre l'obeïſſance pour ce deuë ; meſmeſ auſdits Greffiers, leurs Clercs ou Commis, Aduocats & Procureurs de ladite Cour de Parlement, & à tous nos officiers de Iuſtice de noſtre Prouince de Normandie, qui reſſortiſſoient nuëment d'icelle Cour, de ſatisfaire & obeyr chacun de ſa part au contenu audit Arreſt & des preſentes, ſans y apporter aucun retardement : Commandons à tous nos Huiſſiers & Sergents requis, faire pour l'execution d'iceluy Arreſt & deſdites preſentes, tous actes de Iuſtice neceſſaires, ſans que pour ce il leur ſoit beſoin d'autre placet, viſa ne pareatis, nonobſtant clameur de Haro, Chartre Normande, priſe à partie, & autres choſes contraires, Auſquelles nous auons dérogé & dérogeons : Voulons iceluy noſtredit Arreſt & ceſdites preſentes eſtre leuës, publiées & affichées par tout où beſoin ſera, à ce que nul n'en pretende cauſe d'ignorance, & qu'aux coppies d'icelles collationnées par l'vn de nos Secretaires ou par deux Notaires Royaux, foy ſoit adjouſtée comme à l'Original : C a r tel eſt noſtre plaiſir. Donné à Sainct Germain en Laye le quatrieſme iour de Ianuier, l'An de grace mil ſix cens quarante. Et de noſtre Regne le trentieſme. Signé, L O V I S. Et plus bas, Par le Roy, P h e l y p e a v x. Et ſcellé du grand ſceau de cire jaulne.

Leuës, publiées & regiſtrées, ce requerant du Boſquet pour le Procureur General du Roy, pour eſtre obſeruées ſelon leur teneur, Et les vidimus enuoyez par les Bailliages & Vicomtez de ce Reſſort, pour y eſtre pareillement leuz, publiez & regiſtrez, ſuiuant l'Arreſt des Commiſſaires deputez par ſa Majeſté pour tenir ſon Parlement. A Roüen ce neufieſme iour de Ianuier mil ſix cens quarante. Signé, *V A I G N O N.*

Extraict des Registres du Conseil d'estat.

E ROY ayant par ses Lettres patentes du dixseptiesme iour de Decembre dernier, interdit sa Cour de Parlement de Roüen, & enjoint aux Officiers d'icelle de sortir la Ville dans quatre iours, & se rendre à la suitte de la Cour, lesdites Lettres signifiées audit Parlement les Chambres assemblées, par Tourte & le Gay Huissiers du Conseil, le troisiesme du present mois de Ianuier, & par Arrest dudit Conseil du quatriesme iour dudit mois euoqué tous les Procez tant ciuils que criminels pendans audit Parlement & Requestes du Palais d'iceluy, pour estre iugez & terminez audit Conseil dans les formes accoustumées dudit Parlement, & suiuant les coustumes de la Prouince de Normandie: Et d'autant que les sacs & productions, enquestes, informations, & autres pieces seruans à l'instruction desdits Procez ciuils & criminels à iuger, estans és mains des Conseillers dudit Parlement & Requestes du Palais, doiuent estre remis par eux aux Greffes, afin que le iugement d'iceux ne soit retardé, & que la Iustice soit continuée & renduë aux subjects de sa Majesté, lesquels autrement en receuroient notable prejudice, Il est necessaire que lesdits Conseillers rendent lesdits Procez à iuger, & en soient deschargez auant leur depart, & voulant y pouruoir, SA MAIESTE' EN SON CONSEIL, a ordonné & ordonne, Que les Conseillers tant dudit Parlement que Requestes du Palais, remettront aux Greffes dudit Parlement & Requestes du Palais, tous les sacs, productions, enquestes, informations & autres actes qu'ils ont és mains des Procez à iuger, dans trois iours pour toutes prefixions & delaiz, autrement & à faute de ce faire, qu'ils y seront contraints par toutes voyes deuës & raisonnables, & seront tenus & responsables en leurs propres & priuez noms de tous les despens, dommages & interests que les parties pourront souffrir par le retardement & instruction desdits Procez. Faict au Conseil d'Estat du Roy, tenu à Roüen le cinquiesme iour de Ianuier mil six cens quarante.
Signé,   GALLAND.

Collationné aux originaux par moy Conseiller Secretaire du Roy & de ses Finances.

COMMISSION DV ROY,

aux Conseillers d'Estat & Maistre des Requestes de son Hostel pour tenir son Parlement à Roüen.

EXTRAICT DES REGISTRES D *Conseil d'Estat.*

LE Roy s'estant faict representer en son Conseil l'Arrest d'iceluy du quatriéme du present mois, rendu sa Majesté y estant, par lequel veu ses lettres Patentes du dixseptiéme Decembre dernier, portant interdiction aux Officiers de la Cour de Parlement de Roüen, de la fonction de leurs charges, elle auroit en attendant l'establissement d'vne autre Compagnie, Euoqué à soy & à sondit Conseil tous les procez & differends tant Ciuils que Criminels pendans en ladite Cour, pour y estre iugez selon les formes & procedures accoustumées estre obseruées en ladite Cour : & d'autant que le Conseil de sa Majesté est occupé en des affaires tres-importantes à son seruice, & ne peut au moyen de ce, presentement vacquer à rendre & distribuer la Iustice à ses subiets de la Prouince de Normandie, & iuger les procez pendants en ladite Cour, & voulant neantmoins pouruoir pour le soulagement de ses dits subjets à leur faire rendre la iustice audit Parlement: SA MAIESTE' estant en son Conseil a ORDONNE'

A

ET ORDONNE que par les Conſeillers en ſon Conſeil d'Eſtat & Maiſtres des Requeſtes Ordinaires de ſon Hoſtel eſtans en la ville de Roüen pres Monſieur le Chancelier, qu'elle a commis & deputez à cét effect, la Iuſtice ſera renduë & diſtribuée audit Parlement de Roüen, & les procez Ciuils & Criminels meus & à mouuoir en iceluy éuocquez au Conſeil par ledit Arreſt du quatriéme du preſent mois, iugez & terminez, auquel effect ils s'aſſembleront au Palais dudit Parlement és Chambres & lieux accouſtumez, y tiendront les Audiances, & iugeront leſdits procez Ciuils & Criminels ſelon les formes, vſages & Couſtumes de ladite Prouince, & ce iuſqu'à ce que par ſadite Majeſté ait eſté fait eſtabliſſement d'vne autre Compagnie pour tenir ledit Parlement: Enjoinct ſadite Majeſté aux Greffiers, Aduocats, Procureurs & Huiſſiers de ladite Cour, de continuer par deuant leſdits Commiſſaires la fonction de leurs charges, & faire tout ce qui ſera neceſſaire pour l'inſtruction & iugement deſdits procez, ainſi & en la forme qu'ils faiſoient en ladite Cour, à peine d'interdiction & priuation de leurs charges, & de tous les deſpens, dommages & intereſts des parties : Faict au Conſeil d'Eſtat du Roy, tenu à Sainct Germain en Laye, le Roy y eſtant, le ſeptiéme Ianuier mil ſix cens quarante.

Signé,   PHELYPEAVX.

LOVIS, par la grace de Dieu Roy de France & de Nauarre, A nos amez & feaux Conſeillers en noſtre Conſeil d'Eſtat, & Maiſtres des Requeſtes ordinaires de noſtre Hoſtel, eſtans en noſtre ville de Roüen pres de noſtre tres-cher & feal le ſieur Seguier, Cheualier, Chancelier de France, Salut: Par l'Arreſt de noſtredit Conſeil d'Eſtat, dont

Extraict eſt cy attaché, ce iourd'huy donné, Nous auons
ordonné que la Iuſtice ſeroit par vous renduë & diſtribuée
en noſtre Parlement de Roüen, & les procez meuz & à mouuoir en iceluy éuoquez en noſtre Conſeil par Arreſt d'iceluy
du quatriéme du preſent mois, par vous iugez & terminez ſelon les formes & couſtumes obſeruées en noſtre Prouince de
Normandie, & qu'à cét effect vous vous aſſemblerez au Palais
dudit Parlement, tiendrez les Audiances, iugerez & decide-
rez les procez és Chambres & lieux accouſtumez, iuſques à ce
qu'il ait eſté par nous pourueu à l'eſtabliſſement d'vne compagnie pour tenir ledit Parlement : A CES CAVSES,
Nous vous auons commis & deputez, commettons & deputons par ces preſentes ſignées de noſtre main, pour rendre &
diſtribuer la Iuſtice en noſtredit Parlement de Roüen, y iuger & terminer les procez meuz & à mouuoir ſelon les formes & couſtumes obſeruées en noſtredite Prouince, & à cét
effect vous vous aſſemblerez au Palais de noſtredit Parlement,
& és Chambres & lieux accouſtumez, tiendrez les Audiances,
& iugerez leſdits Procez Ciuils & Criminels, tout ainſi & à
la meſme forme que faiſoient les Officiers de noſtredite
Cour de Parlement auparauant leur Interdiction. Mandons à
tous nos Iuſticiers, Officiers & ſubjets qu'il appartiendra, ce
faiſant, de vous obeyr & recognoiſtre, meſmes aux Greffiers,
leurs Clercs & Commis, Aduocats, Procureurs & Huiſſiers
dudit Parlement, de ſatisfaire & obeyr chacun à ſon eſgard,
audit Arreſt du quatriéme du preſent mois, à celuy de ce iour-
d'huy, & à ces preſentes, Commandons & tres-expreſſément
enjoignons à nos Huiſſiers & Sergeans ſur ce requis faire pour
l'entiere execution d'iceux, & des Arreſts qui ſeront par vous
rendus audit Parlement, tous exploicts & autres actes neceſſaires, ſans pour ce demander aucune permiſſion ny Pareatis,

ñonobſtant clameur de Haro, Chartre Normande, priſe à partie & autres choſes à ce contraires, Auſquelles nous auons deſ-
rogé & deſrogeons par ceſdites preſentes, aux coppies collationnées deſquelles par l'vn de nos amez & feaux Conſeillers &
Secretaires, foy ſera adiouſtée comme à l'Original: C A R tel
eſt noſtre plaiſir. D O N N E' à S. Germain en Laye le ſeptiéſ-
me iour de Ianuier l'An de grace mil ſix cens quarante, &
de noſtre Regne le trentieſme, Signé, L O V I S. Et plus bas,
par le Roy, P H E L Y P E A V X, Et ſcellé ſur ſimple queuë du
grand Sceau de cire jaune auec vn contreſcel: Et à coſté eſt
eſcrit,

Eüës, publiées & regiſtrées, ce requerant du Boſquet pour le Procureur General du Roy, pour eſtre obſeruées ſelon leur teneur, &
les Vidimus enuoyés par les Bailliages & Vicomtez de ce reſſort, pour
y eſtre pareillement leus & regiſtrés ſuiuant l'Arreſt donné par les
Commiſſaires deputez par Sa Majeſté pour tenir ſon Parlement à
Roüen, ce neufiéme de Ianuier mil ſix cens quarante.

Signé,   V A I G N O N.

Commission de la charge de Procureur General au Parlement de Roüen.

LOVIS par la grace de Dieu Roy de France & de Nauarre : A noftre amé & feal Confeiller Iuge ciuil & Lieutenant criminel en noftre ville, Viguerie & Vicomté de Narbonne le Sieur François Bofquet, Salut. En fuite de l'interdiction que nous auons faite à tous nos Officiers de la Cour de Parlement de Roüen de la fonction de leurs charges, Nous auons par Arreft en datte de ce iour, euoqué à nous & à noftre Confeil tous les procez & differens ciuils & criminels pendans en ladite Cour, & d'iceux attribué à noftredit Confeil toute cour, iurifdiction & cognoiffance, Et auons auffi ordonné que les appellations des Iugemens rendus par les Iuges de noftre Prouince de Normandie, qui reffortiffoient nuëment en ladite Cour, feront releuées en noftredit Confeil, auquel nous auons enjoint de proceder inceffamment à l'expedition & Iugement defdits procez felon les formes practiquées dans ledit Parlement, & felon l'vfage & couftumes de noftredite Prouince, le tout iufques à ce que nous ayons pourueu de Iuges pour faire la fonction dudit Parlement : Et d'autant qu'en confequence de ce que deffus, il eft neceffaire pour faire la charge du Parquet aux affaires fufdites, de commettre vn perfonnage qui en foit capable, ayans iugé ne pouuoir pour ce faire meilleur choix que de vous, pour la cognoiffance que nous auons de voftre vertu & merite, & de voftre experience aux affaires de Iuftice. A CETTE CAVSE, nous vous auons commis & ordonné, commettons & ordonnons par ces presentes signées de nostre main, pour faire la charge du Parquet aux affaires susmention-nées, euoquées en nostredit Conseil, & dont nous luy auons attribué la cognoissance, & ioüir par vous d'icelle charge aux honneurs, rangs & fonctions qui y appartiennent, & aux ap-pointemens qui vous feront par nous ordonnez, Vous man-dans & enjoignans de faire aux parties bonne & briefue expe-dition & Iustice : Voulons que tant que vous exercerez ladite charge, les actes qui seront émanez dudit Parquet soient de pareille force & vertu comme s'ils estoient émanez du Parquet d'vne de nos Cours de Parlement, les ayans tous dés à present comme pour lors à cette fin validez & validons par cesdites pre-sentes, le tout comme dessus, iusques à ce que nous ayons pour-ueu de Iuges pour faire la fonction dudit Parlement, DE CE FAIRE vous auons donné & donnons plain pouuoir, aucto-rité, commission & mandement special : Mandons à tous nos Officiers, Iusticiers & subjects qu'il appartiendra, vous reco-gnoistre, entendre & obeyr és choses concernans ladite char-ge, CAR tel est nostre plaisir. Donné à Sainct Germain en Laye le quatriesme iour de Ianuier, l'an de grace mil six cens quarante. Et de nostre Regne le trentiéme. Signé, LOVIS. Et plus bas, PAR LE ROY. PHELYPEAVX. Et scellé sur simple queuë du grand sceau de cire jaulne. Et à costé,

Regiftrées és Regiftres de Messieurs les Commissaires deputez par sa Majesté pour tenir son Parlement de Normandie. A Roüen le neufiesme iour de Ianuier mil six cens quarante.　　　　*Signé,*　　　　*VAIGNON.*

Commiſsion pour la Iuriſdiction des Requeſtes du Palais.

OVIS PAR LA GRACE DE DIEV, ROY DE FRANCE ET DE NAVARRE, A nos chers & bien amez Mes Anthoine Deschamps, Centurion de Cahaignes, Louys Radulphi, Iean de Lesdos, Iacques Cocquerel, & Iacques Euſtache, Aduocats en noſtre Cour de Parlement de Normandie à Roüen, Salut. Par nos Lettres patentes du 17. du mois paſſé, ſignifiées le troiſiéme du preſent, Nous auons interdit à tous nos Officiers de noſtre Cour de Parlement de Roüen, tout exercice & fonction de leurs charges, & faict defences à nos ſubjects de les recognoiſtre en qualité de Iuges. Et d'autant qu'entre leſdits Officiers, les Conſeillers Commiſſaires en la Iuriſdiction des Requeſtes du Palais audit lieu y ſont compris, Et qu'à cette occaſion il eſt neceſſaire pour l'expedition des affaires qui y ſont pendantes, de nommer & commettre des perſonnes capables, Iugeans ne pouuoir pour ce faire meilleur choix que de vous, ſur la confiance que nous prenons en vos ſens, ſuffiſance, experience au faict & adminiſtration de la Iuſtice, & en voſtre fidelité & affection au bien de nos affaires & ſeruice. A CES CAVSES, Nous vous auons commis & ordonnez, commettons & ordonnons par ces preſentes ſignées de noſtre main, pour tenir & exercer la Iuſtice

& Iuriſdiction deſdites Requeſtes du Palais de Roüen, au lieu & place deſdits Officiers interdits, & joüir par vous deſdites charges aux honneurs, auctoritez, preéminences, pouuoirs & fonctions qui y appartiennent, & aux appointemens qui vous ſeront par nous ordonnez, Voulons que ce pendant que vous exercerez ladite Iuſtice & Iuriſdiction, les Iuge-mens, Sentences & tous autres actes qui ſerōt par vous faicts & donnez, ſoient de pareille force & vertu qu'eſtoient ceux deſdites Requeſtes auant ladite Interdiction, & que ſont ceux des autres Requeſtes des Palais de noſtre Royaume, les ayans à cette fin dés à preſent comme pour lors validez & validons par ceſdites preſentes le tout iuſques à ce que par nous autre-ment en ayt eſté ordonné, DE CE FAIRE vous donnons pouuoir, auctorité, commiſſion & mandement ſpecial, MANDONS à nos amez & feaux Conſeillers en noſtre Con-ſeil d'Eſtat, & Maiſtres des Requeſtes ordinaires de noſtre Hoſtel, tenans à preſent noſtre Cour de Parlement à Roüen, que ces preſentes ils faſſent lire, publier & regiſtrer, au conte-nu ſe conformant, iceluy faſſent obſeruer & entretenir par tous ceux & ainſi qu'il appartiendra, Enjoignons à tous nos officiers & ſubjects du reſſort de ladite Cour, vous recognoi-ſtre & obeyr és choſes dépendans du faict de voſdites charges ſans difficulté, CAR TEL eſt noſtre plaiſir. DONNE' à Saint Germain en Laye le neufieſme iour de Ianuier mil ſix cens quarante, Et de noſtre Regne le trentieſme. Signé, LOVIS. Et plus bas, PAR LE ROY, PHELYPEAVX. Et ſcellé ſur ſimple queuë d'vn grand ſceau de cire jaune. Et à coſté eſt eſcript,

Leuës, publiées & regiſtrées, oy & ce requerant Boſquet pour le Procureur General du Roy, pour eſtre executées ſelon leur forme

& teneur, Et les copies collationnées enuoyées par les Bailliages &
Vicomtez de ce Ressort, pour y estre pareillement leuës, publiées &
regiftrees , Et enioinct aux Subftituts dudit Procureur General
en faire les diligences, & certifier les Commiffaires deputez par sa
Maiefté pour tenir fon Parlement à Roüen dans le mois, à peine de
fufpenfion de leurs charges , fuiuant l'Arreft de ce iour treiziefme
Ianuier mil fix cens quarante.

Signé,   VAIGNON.

Commiſſion pour les Requeſtes du Palais.

OVIS PAR LA GRACE DE DIEV ROY DE FRANCE ET DE NAVARRE, A noſtre cher & bien amé Maiſtre René Choppin Aduocat en noſtre Cour de Parlement de Paris, Salut : Par nos Lettres Patentes du 9. du mois paſſé, Nous auons commis nos chers & bien amez Anthoine des Champs, Centurion de Cahaignes, Louys Radulph, Iean Deleldos, Iacques Coquerel & Iacques Euſtache Aduocats en noſtre Cour de Parlement de Roüen, pour tenir & exercer la Iuſtice & Iuriſdiction des Requeſtes du Palais audit Roüen, & d'autant que nous auons depuis iugé neceſſaire, d'augmenter leur nombre iuſqu'à ſept, à plein confians de vos ſens, ſuffiſance, experience au fait & adminiſtration de la Iuſtice & en voſtre fidelité & affection au bien de noſtre ſeruice : A CES CAVSES Nous vous auons commis & ordonné commettons & ordonnons par ces preſentes ſignées de noſtre main, pour auec les ſieurs Aduocats par nous commis par noſdites Lettres du 9. du mois paſſé, conioinctement tenir execer ladite Iuſtice & iuriſdiction deſdites Requeſtes du Palais à Roüen, auec pareil pouuoir, authorité, fonction & aux meſmes appoinctemens qu'eux, & qui vous

A

seront par nous ordonnées, tout ainsi & en la mesme forme & maniere que si vous estiez auec les susdits nommément compris en nosdites lettres, & iusqu'à ce que par nous autrement en ait esté disposé : Mandons à nos amez & feaux les Commissaires tenans nostre Cour de Parlement à Roüen, & ausdits Commissaires tenans les Requestes du Palais audit lieu de faire regiftrer ces presentes à icelles le conformer, les faire obseruer & entretenir, & vous faire recognoistre par tout & ainsi qu'il appartiendra sans difficulté : Car tel est nostre plaisir, Donné à S. Germain en Laye le troisiéme iour de Féurier l'an de grace mil six cens quarante, & de nostre regne le trentiéme. Signé, LOVIS, & plus bas par le Roy, PHELYPEAVX, & scellé sur simple queuë du grand seel de cire jaulne.

Leuë publiée enregiftrée, ouy & ce requerant le Procureur General du Roy : Faict en Parlement, le septiéme Féurier mil six cens quarante.

Commiſſion du Subſtitut du Procureur General au Parlement de Roüen.

LOVIS PAR LA GRACE DE DIEV ROY DE FRANCE ET DE NAVARRE, Auſieur Choppin Aduocat en noſtre Parlement de Paris, Salut: Eſtant neceſſaire pour l'acceleration de nos affaires & des particuliers qui ſe traictent en noſtre Parlement de Roüen, d'eſtablir des Subſtituts de noſtre Procureur General en iceluy lequel ne peut vacquer aux affaires, les voir, examiner ſans eſtre ſecouru & aſſiſté du moins d'vn Subſtitut: A quoy deſiran pouruoir bien informé de voſtre ſuffilance, experience au fai de Iudicature, & de voſtre fidelité & affection en noſtre ſeruice: A CES CAVSES Nous vous auons commis & deputé, commettons & deputons par ces preſentes ſignées de noſtre main, pour exercer ladite charge de Subſtitut de noſtre dit Procureur de noſtredit Parlement de Roüen, tout ainſi & à l'inſtar des Subſtituts de noſtre Procureur General audit Parlement de Paris, & aux meſmes honneurs, authoritez, prerogatiues, priuileges, franchiſes, droicts, profits, reuenus & emolumens, & aux appoinctemens qui vous ſeront par nous ordonnez iuſques à ce qu'autrement par nous y ait eſté pourueu: Mandons à nos amez & feaux les Preſidens Conſeillers par nous commis pour tenir noſtredit Parlement

A

de Roüen, & à noftre amé & feal Confeiller par nous auffi commis à la charge de Procureur General de noftredit Parlement, qu'apres le ferment de vous pris & receu en tel cas requis & accouftumé, il vous mette & inftituë en l'exercice & fonction de la prefente Commiffion, & d'icelle vous face iouyr & vfer, fans fouffrir qu'il vous y foit donné aucun trouble ny empefchement: Car tel eft noftre plaifir, Donné à S. Germain en Laye, le vingt quatriéme iour de Féurier l'an de grace mil fix cens quarante, & de noftre regne le trentiéme. Signé, LOVIS, & plus bas par le Roy, PHELYPEAVX, & feellé fur fimple queuë du grand feel en cire iaulne.

Es prefentes ont efté leuës publiées & enregiftrées, ouy & ce requerant le Procureur General du Roy, apres que ledit fieur Choppin fait entrer en la Chambre à prefté le ferment en tel cas requis & accouftumé: Fait en Parlement, le cinquiéme Mars mil fix cens quarante.

Extraict des Regiſtres du Conſeil Priué du Roy.

Vr la Requeſte preſentée au Roy en ſon Conſeil par le ſieur Boſquet, Commis par ſa Majeſté pour faire la charge du Parquet en ſon Parlement de Roüen pendant l'interdiction des Officiers d'iceluy, contenant qu'il y a pluſieurs Inſtances audit Conſeil afin d'éuocation de diuers procés & differents qui ſont pendans audit Parlement, fondées ſur les Parentés & alliances des officiers de ladite Cour, leſquels ayans eſté Interdits de la fonction de leurs charges par la Declaration de ſa Majeſté du   du preſent mois de Ianuier, & tous les procés dudit Parlement éuoquez à ſon Conſeil par Arreſt, duquel elle a commis de nouueaux Iuges pour adminiſtrer la Iuſtice au lieu deſdits Officiers, Requeroit attendu qu'au moyen de ladite Interdiction la cauſe deſdites éuocations ceſſe, Qu'il pleuſt à ſa Majeſté ordonner que ſans s'arreſter auſdites Inſtances qui demeureront cóme pour non aduenuës, les parties des procez dont l'éuocation eſt demandée, continuëront leurs pourſuites ſur iceux audit Parlement, & par deuant leſdits ſieurs Commiſſaires, tout ainſi qu'elles auroient peu faire auparauant la demande afin deſdites éuocations : VEV ladite Requeſte, leſdites Declarations & Arreſts rendus en conſequence : LE ROY EN SON CONSEIL, Ayant eſgard à ladite Requeſte, ſans s'arreſter aux inſtances pendantes audit Conſeil, afin d'Euoquation dudit Parlement de Roüen, ſur les Parentés & Al-

A

liances des Officiers d'iceluy, A ORDONNE' & ordonne
que la pourfuite des procés & differents dont l'Euoquation
eſtoit demandée, ſera continuée audit Parlement par deuant
leſdits ſieurs Commiſſaires, tout ainſi qu'auparauant leſdites inſtances. FAICT au Conſeil Priué du Roy, tenu à
Roüen le dixiéme iour de Ianuier mil ſix cens quarante.

Signé,   FORCOAL.

LOVIS par la grace de Dieu, Roy de France &
de Nauarre, A nos amez & feaux Conſeillers en nos
Conſeils d'Eſtat & Priué, Les Commiſſaires par nous
deputez pour tenir le Parlement de Roüen, Salut. Par l'Arreſt cy attaché ſous le contreſeel de noſtre Chancelerie, ce
jourd'huy donné en noſtre Conſeil ſur la Requeſte preſentée
en iceluy, par noſtre auſſi Amé & feal Conſeiller audit Conſeil le ſieur Boſquet par nous Commis pour faire la charge du
Parquet audit Parlement pendant l'interdiction des Officiers
d'iceluy, Et ſans s'arreſter aux inſtances pendantes audit
Conſeil afin d'Euoquation dudit Parlement de Roüen, ſur
les Parentés & Alliances des Officiers de ladite Cour, NOVS
auons ordonné que la pourſuite des procés & differents
dont l'euoquation eſtoit demandée, Sera continuée par deuant vous tout ainſi qu'auparauant leſdites inſtances : A
CES CAVSES, Vous mandons & ordonnons faire auſdites Parties ſur leſdits procés & differents bonne & briefue Iuſtice, Vous en attribuant à cette fin toute Cour, Iuriſdiction
& cognoiſſance, & icelle interdiſons & deffendons à tous
autres Iuges, Commandons à noſtre Huiſſier ou Sergent
premier ſur ce requis, ſignifier ledit Arreſt à tous qu'il appar-

tiendra à ce qu'ils n'en pretendent cause d'ignorance, leur faire de par nous deffences d'y contreuenir ny attenter aucune chose au prejudice d'iceluy : A peine de tous despens, dommages & interests, & au surplus pour son entiere execution, tous exploicts & publications necessaires, sans demander autre permission : Et sera ad,ousté foy comme aux originaux aux copies dudit Arrest & des presentes collationnées par l'vn de nos Amez & feaux Conseillers & Secretaires : CAR tel est nostre plaisir, Nonobstant clameur de Haro, Chartre Normande, & lettres à ce contraires. DONNE' à Roüen, le dixiéme iour de Iannier l'an de grace mil six cens quarante, & de nostre Regne le trentiéme. Et plus bas, Par le Roy en son Conseil. FORCOAL. Et seellé sur simple queuë du grand sceau de cire jaune auec vn contre-scel.

Leuës, publiées & registrées, oy & ce requerant Bosquet pour le Procureur General du Roy, pour estre executées selon leur forme & teneur, & que copies collationnées seront enuoyées par les Bailliages & Vicomtez de ce ressort, pour y estre pareillement leuës, publiées & registrées, suiuant l'Arrest donné par les Commissaires deputez par sa Majesté pour tenir son Parlement à Roüen, ce iourd'huy douziéme Ianuier mil cens six quarante.

Signé,   *V A I G N O N.*

LOVIS PAR LA GRACE DE DIEV, ROY DE FRANCE ET DE NAVARRE, A nos amez & feaux les Sieurs Seguier, Conseiller en nostre Conseil d'Estat, & President en nostre Cour de Parlement de Paris, & Crespin, Viole, Menardeau, Feydeau, Bouchet, Paluau, Neuelet, Ianuier, Du Four, Biet, Regnault, Sarrau, Tamboneau, Bourlon, Le Clerc Courselles, Conseillers en nostredicte Cour, Salut. Les rebellions & sousleuemens populaires dont nostre Prouince de Normandie à esté depuis n'agueres agitée, ayans pris naissance dans nostre Ville de Roüen, laquelle comme la principale s'est précipitée inconsiderément dans la desobeïssance, par la tolerence & peu de soin de nostre Cour de Parlement, & autres Magistrats & Officiers de ladite ville, lesquels adherans à tous ces desordres, auroient attiré par leur mauuais exemple & donné lieu aux actions violentes qui se sont passées, au mespris de nostre auctorité dans ladite Prouince, Et ne pouuans dissimuler vne telle faute, nous aurions pour la reprimer & ne la laisser impunie, Interdit par nos Lettres de Declaration du dixseptiesme iour de Decembre dernier, signifiées audit Parlement le troisiesme du present, nos Officiers de nostre dite Cour de tout exercice & fonction de leurs charges, soit en corps ou autrement, auec defence à tous nos subjects du ressort d'icelle de les recognoistre en qualité de Iuges. Et d'autant qu'il est necessaire, pour ne laisser nosdits

A

subjects dépourueus de noftre Iuftice fouuerainē pendant ladite interdiction, de cōmettre des perfonnages de qualité re-
quife qui la leur puiffe rendre, au lieu & place de noftredite
Cour, Nous auons eftimé ne pouuoir pour ce faire meilleur
ny plus digne choix que de vos perfonnes. A CES
CAVSES, & à plain confians de vos fens, fuffifance,
experience au faict de ladite Iuftice & bōne diligence, comme auffi de voftre fidelité & affection au bien de noftre feruice, NOVS vous auons commis, ordonnez & deputez,
commettrós, ordónons & deputons par ces prefentes fignées
de noftre main, pour exercer la Iuftice fouueraine, au lieu &
place de noftredite Cour de Parlemēt de Roüen, & joüir par
vous defdites charges aux hōneurs, auctorirez & preéminé-
ces qui y appartiennent, & aux appointemens qui vous ferōt
par nous ordónez, Voulons pendāt que vous exercerezladi-
te Iuftice, que les Arrefts, Iugemens, & autres actes qui ferōt
par vous donnez, foient de pareille force & vertu que s'ils
eftoient émanez d'vne de nos Cours fouueraines, Les ayans
à cette fin dés à prefent comme deffors validez & validons
par cefdites prefentes, le tout jufques à ce que par nous autrement en ayt efté ordonné, DE CE FAIRE vous donnons
pouuoir, auctorité, commiffion & mandement fpecial, Enjoignons à tous nos Officiers & fubjects du reffort de ladite
Cour vous recognoiftre obeyr & entendre és chofes dépendans du faict de vos charges, CAR TEL eft noftre plaifir.
DONNE' à Saint Germain en Laye le quatriefme iour de
Iannier l'an de grace mil fix cens quarante, Et de noftre Regne le trentiefme. Signé, LOVIS. Et plus bas,
PAR LE ROY. PHELYPEAVX. Et fcellé fur
fimple queuë d'vn grand Sceau de cire jaune.

LOVIS Par la grace de Dieu, Roy de France & de Nauarre, A noſtre amé & feal Conſeiller en noſtre Conſeil d'Eſtat, noſtre Procureur General en noſtre Cour des Aydes à Vienne le Sieur de la Foſſe, François du Foſſé, Salut. Par nos Lettres patentes du 17. du mois paſſé, ſignifiées le troiſieſme du preſent, Nous auons Interdit à tous nos Officiers de noſtre Cour de Parlement à Roüen, l'exercice & fonction de leurs charges, En ſuite de ce, par autres nos Lettres patentes du 4. enſuiuant, nous auós commis aucuns nos amez & feaux Preſidens & Conſeillers en noſtre Cour de Parlemét à Paris, pour exercer la Iuſtice ſouueraine ſur nos ſubjects au lieu & pláce de ladite Cour, Et d'autant qu'entre les Officiers d'icelle Interdits, noſtre Procureur General y eſt compris, & qu'à cette occaſion il eſt neceſſaire de commettre vn Perſonnage capable pour faire cette charge, ayans jugé ne pouuoir faire meilleur choix que de vous, pour la cognoiſſance que nous auons de voſtre vertu & merite, de voſtre experience aux affaires de Iuſtice, & de voſtre fidelité & affection au bien de noſtre ſeruice, dont vous nous auez rendu preuue en diuers importans employs que nous vous auons commis, dont vous vous eſtes acquitté au côtentement de nous & du public. A CES CAVSES, Nous vous auons commis & ordonné, commettons & & ordonnons par cette preſente ſignée de noſtre main, pour faire la charge de noſtre Procureur General en noſtredite Cour de Parlement de Roüen, &

d'icelle ioüir & vſer par vous aux honneurs, auctoritez, pouuoirs, rangs & fonctions qui y appartiénent , & aux appointemens qui vous feront par nous ordonnez, Vous mandons
& enjoignons de rendre à nos ſubjects bonne & briefue expedition & Iuſtice, Voulons que tous les actes qui feront émanez de vous ſoyent de pareille force & vertu que ceux de nos
autres Procureurs Generaux en nos Parlemens, les ayans dés à
preſent comme pour lors à cette fin validez & auctoriſez, validons & auctoriſons par cettedite preſente, DE CE FAIRE,
vous donnons pouuoir, auctorité, commiſſion & mandement ſpecial. Mandons à tous nos Officiers, Iuſticiers &
ſubjects qu'il appartiendra, vous recognoiſtre, entendre &
obeïr és choſes touchans & concernans ladite charge, Le tout
juſques à ce que par nous autrement en ayt eſté ordonné,
CAR TEL eſt noſtre plaiſir. DONNE' à Saint Germain
en Laye le 29. iour du mois de Ianuier l'an de grace mil ſix
cens quarante, Et de noſtre Regne le trentieſme. Signé,
LOVIS. Et plus bas, PAR LE ROY. PHELYPEAVX.
Et ſcellé ſur ſimple queuë d'vn grand ſceau de cire jaune.

*Leuës, publiées & regiſtrées és Regiſtres du Parlement , Oy & ce requerant du Foſſé
Commis par le Roy pour y faire la charge de ſon Procureur General , pour eſtre executées ſelon leur teneur , Et que copies collationnées des preſentes feront enuoyées par
les Bailliages & Vicomtez de ce Reſſort , pour y eſtre pareillement leuës, publiées &
regiſtrées à ce qu'elles ſoient renduës notoires, Et enioinct aux Subſtituts dudit Procureur General certifier les Commiſſaires de ſa Maieſté de leur diligence au mois. Faict
à Roüen en Parlement l'audience ſeant, le dernier iour de Ianuier mil ſix cens quarante.*

Signé,   *V A I G N O N.*

DECLARATION DV ROY,

portant Interdiction de la Cour des Aydes de Roüen.

LOVIS PAR LA GRACE DE DIEV ROY DE FRANCE ET DE NAVARRE, A tous ceux qui ces presentes Lettres verront, Salut. Comme nous sommes obligez pour souftenir les defpences de la guerre de faire diuerfes leuées fur nos peuples, Nous auons fait l'eftabliffement de plufieurs droicts par nos Declarations & Arrefts de noftre Confeil, dont fouuent pour éuiter les longueurs qu'apportent les Compagnies à l'enregiftrement, nous ne leur en auons fait l'adreffe, Mais nous nous fommes contentez de fuiure les formes accouftumées en pareille nature d'affaires qui font plus promptes à l'execution : Neantmoins lors que nous en penfions tirer le fecours & l'affiftance en noftre Prouince de Normandie, noftre Cour des Aydes eftablie en noftre Ville de Roüen, par vn attentat extraordinaire fur noftre Auctorité, a fait des deffences de faire aucunes leuées de deniers, ny de mettre à execution aucuns Edicts qu'ils n'euffent efté enregiftrez en leur Compagnie : Ce qui a donné fuject à nos fubjects de noſtredite Prouince (ſous ce pretexte) de retarder de payer ce que nous auions ordonné, & en ſuitte de faire les ſouſleuemens qui ſont arriuez en icelle : Au moyen dequoy nous auons eſté priuez (au grand prejudice de nos affaires) du prompt ſecours que nous nous eſtions promis deſdites leuées. Et d'autant que ce procedé qui eſt tres-prejudiciable à noſtre ſeruice, a eſté cauſe des deſordres qui ſe ſont paſſez en ladite Prouince, nous oblige à faire ſentir à ladite Cour des Aydes les effects de noſtre indignation, & la priuer de l'auctorité dont elle abuſe & s'eſt rendu indigne. ʿSçAVOIR ғ A I S O N S , Que Nous pour ces cauſes, De l'Aduis de noſtre Conſeil, où eſtoient noſtre tres-cher & tres amé Frere vnique le Duc d'Orleans, & autres principaux Seigneurs & Officiers de cette Couronne, A v o n s dit & declaré, diſons & declarons par ces preſentes ſignées de noſtre main, voulons & nous plaiſt, Que ladite Cour des Aydes de Roüen & les Officiers d'icelle demeurent interdicts, Comme de fait nous les interdiſons de tout exercice & fonction de leurs charges, Deffendons à tous nos ſubjects de les recognoiſtre en qualité de Iuges, Declarans dés à preſent tous Arreſts, Iugemens, & autres actes que ladite Cour pourroit rendre cy-apres, ſoit en corps ou autrement, nuls & de nul effect, & ce iuſques à ce que par Nous autrement en ayt eſté ordonné. Commandons à nos Huiſſiers qu'à ce faire commettons, ſe tranſporter à ladite Cour des Aydes de Roüen , & icelle ſeante, luy ſignifier ces preſentes nos lettres d'interdiction,à ce qu'elle n'en prerende cauſe d'ignorance, luy faiſant commandement d'y defferer & obeyr, Et aux Officiers d'icelle de ſortir quatre iours apres ladite ſignification, de ladite Ville, & ſe rendre à noſtre Cour & ſuitte , ſur peine d'eſtre procedé

contre eux comme contreuenans à nos commandemens;
Faifant à cette fin par lefdits Huiffiers tous exploicts requis
& neceffaires, fans demander placet, vifa, ne pareatis ; Nonobftant auffi Clameur de Haro, Chartre Normande, prife à
partie, & autres chofes à ce contraires, C A R tel eft noftre
plaifir : En tefmoing dequoy nous auons fait mettre noftre
fcel à cefdites prefentes. D O N N E' à Sainct Germain en
Laye le dixfeptiefme iour de Decembre, l'an de grace mil
fix cens trente-neuf. Et de noftre Regne le trentiefme.
Signé, L O V I S. Et fur le reply, Par le Roy, PHELYPEAVX.
Et fcellé fur double queuë d'vn grand fcel en cire jaulne.

L'An mil fix cens quarante, le troifiéme iour de Ianuier, enuiron les neuf
à dix heures de matin, Nous Nicolas Tourte & Claude le Gay Huiffiers ordinaires du Roy en fes Confeils d'Eftat & Priué fouffignez, fuiuant le
cõmandement à nous donné de la part de fa Majefté par ordre de Mõfeigneur
le Chancelier, fommes tranfportez par deuers les Sieurs Prefidens & Confeillers du Roy de la Cour des Aydes de Roüen, affemblez au lieu où ils
exercent la Iuftice deuant l'Eglife Noftre Dame, & parlant à eux, leur auons
monftré & fignifié les Lettres patentes de fa Majefté, portant Interdiction
de l'exercice & fonction de leurs charges, données à Sainct Germain en Laye
le dixfeptiéme iour de Decembre dernier, Signées L O V I S. Et fur le
reply, Par le Roy, PHELYPEAVX. Et fcellées du grand Sceau de cire
jaulne : Defquelles leur a efté fait lecture à haute voix par nous le Gay, & leur
auons fait commandement de par fa Majefté de fe feparer prefentement, &
retirer chacun d'eux en leurs Maifons, fans faire aucune affemblée ny deliberation, & declaré qu'ils n'ont plus de pouuoir de faire aucune fonction de
leurs charges ; A quoy ils ont fatisfait, & fommes demeurez en la Chambre où ils eftoient affemblez, iufques & apres les auoir veus tous fortir d'i-
celle, aufquels auons baillé & laiffé coppie defdites Lettres, auec autant de
noftre prefent procez verbal, & icelle mife és mains de l'vn d'iceux : Et à
l'inftant auons enjoint à Maiftre Charles de l'Eftoille Greffier en chef de ladite Cour des Aydes, eftant en ladite Chambre, d'aller trouuer mondit Sei-

gneur le Chancelier, & luy porter fon Regiftre qu'il tient en l'exercice de
fon Greffe, Ce qu'il a promis faire : Laquelle fignification, Interdiction &
contenu cy deffus, nous auons à l'inftant denoncé & fait fçauoir aux fieurs
Gens du Roy de ladite Cour, parlant au fieur le Page Procureur General,
eftant en ladite Chambre, à ce que de leur part ils ayent à y obeïr & fatisfaire.

Signé, **TOVRTE.** & **LE GAY.**

DECLARATION DV ROY,

Portant Cõmiſsion à la Cour des Aydes
de Paris, pour exercer la Iuſtice de la
Cour des Aydes de Roüen.

*Regiſtrée & publiée en la Cour des Aydes de Paris,
les 12. & 18. Ianuier 1640.*

LOVIS, par la grace de Dieu,
Roy de France & de Nauarre, A nos amez &
feaux, les Gens tenans noſtre Cour des Aydes
à Paris, Salut : Noſtre Cour des Aydes de
Roüen, ayant depuis n'agueres, par vn attentat
extraordinaire ſur noſtre authorité, fait deffences de faire aucunes leuées de deniers dans l'eſtenduë de ſon reſſort, ny de
mettre aucuns Edicts à execution, qu'ils n'euſſent au prealable
eſté enregiſtrez par leur Compagnie. Cette entrepriſe auroit
donné occaſion, ſous ce pretexte, à nos ſujets de noſtre Prouince de Normandie, de retarder à payer ce que nous auons ordonné eſtre leué ſur eux, pour nous ayder à ſouſtenir les dépen-
ſes de la guerre, & de faire en ſuite les ſouſleuemens qui s'y ſont
paſſez au préjudice de noſtre ſeruice, & de la tranquilité de nos
bons ſujets. Et d'autant qu'vne telle faute merite vn chaſtiment
exemplaire, Nous auons pour la reprimer, interdit par nos
Lettres de Declaration du 15. du preſent, nos Officiers de ladite

A

Cour des Aydes de Roüen, de tout exercice & fonction de leurs Charges, soit en Corps ou autrement ; Auec deffences à tous nos suiets de son ressort de les recognoistre en qualité de Iuges. Et comme il est necessaire, pour ne laisser nosdits sujets despourueus de nostre Iustice Souueraine pendant ladite Interdiction, Nous auons estimé à propos de donner des personnages de qualité requise, qui la leur puisse administrer. En quoy sçachant ne pouuoir faire vne meilleure, ny plus digne ellection que de vos personnes, mesmes à cause de la proximité de nostredite Prouince de Normandie. A CES CAVSES, & à plein confians de vos sens, suffisance, experience au fait de ladite Iustice, & bonne diligence; Ensemble de vostre fidelité, & affection au bien de nostre seruice, Nous vous auons attribué & attribuons par ces presentes, signées de nostre main, la cognoissance de tous les procez & differends, meus & à mouuoir entre nos suiets du ressort de nostredite Cour des Aydes de Roüen, qui sont de sa Iurisdiction; Vous ordonnant de faire aux parties bonne & briefue Iustice. Voulons que les Arrests, Iugemés, & autres actes qui seront par vous rendus en la qualité susdite, soient de telle force & vertu, que ceux qui sont par vous donnez sur les procez & differends de nos sujets de vostre ressort. Les ayant à ceste fin dés à present, comme dés lors validez, & validons par cesdites presentes: Le tout iusques à ce que par Nous autrement en ait esté ordonné. De ce faire vous donnons pouuoir, authorité, commission, & mandement special. Enjoignons à tous nos suiets du ressort de ladite Cour des Aydes de Roüen, de vous recognoistre, obeyr, & entendre és choses despendantes du faict de vos Charges: Et au Greffier de ladite Cour des Aydes de Roüen, ses Clercs ou Commis, de porter ou enuoyer incontinent, & sans delay, au Greffe de nostredite Cour des Aydes de Paris, tous les papiers, pieces & proce-

dures qu'il aura en ſes mains , concernans les procez & differends de noſdits ſujets de ladite Cour des Aydes de Roüen. A
quoy faire, en cas de refus, ils feront contraints par le premier
noſtre Huiſlier fur ce requis, par toutes voyes deuës, raiſonna-
bles & accouſtumées en tel cas, ſans pour ce demander placet,
viſa, ne pareatis, nonobſtant Clameur de Haro, Chartre Normande, & priſe à partie : Car tel eſt noſtre plaiſir. Donné à S.
Germain en Laye, le quinziéme iour de Decembre, l'an de grace
mil ſix cens trente-neuf. Et de noſtre regne le trentiéme.
Signé, LOVIS. Et plus bas, par le Roy, PHELYPEAVX.
Et ſcellée du grand ſceau de cire jaune.

Leuës , publiées, & regiſtrées en la Cour des Aydes à Paris, l'Au-
dience tenant le 18. Ianuier 1640. Ouy & ce requerant le Procureur
general du Roy, pour eſtre executées ſelon leur forme & teneur, &
ſuiuant l'Arreſt de ladite Cour des Aydes de Paris. Donné les Cham-
bres aſſemblées, le 12. iour dudit mois de Ianuier 1640.

Signé,   BOVCHER.

EXTRAICT DES REGISTRES
de la Cour des Aydes.

EV par la Cour les Chambres aſſemblées, les Lettres Patentes du Roy, données à Sainct Germain en
Laye le quinziéme Decembre mil ſix cens trente-
neuf, ſignées LOVIS. Et plus bas, par le Roy,
PHELYPEAVX. Et ſcellées ſur ſimple queuë du grand
ſceau de cire iaune. Par leſquelles, & pour les cauſes y contenuës,
ſa Majeſté attribuë à ladite Cour la cognoiſſance de tous les pro-

cez & differends meus & à mouuoir entre ſes ſujets du reſſort de ſa Cour des Aydes de Roüen, qui ſont de ſa Iuriſdiction, luy ordonnant de faire aux parties bonne & briefue Iuſtice, validant les Arreſts & Iugemens qui ſeront par elle donnez, iuſqu'à ce qu'autrement par ſadite Majeſté en ait eſté ordonné. Enjoignant à ſeſdits ſuiets de la recognoiſtre, & luy obeyr; & au Greffier de ladite Cour des Aydes de Roüen, ſes Clercs & Commis, de porter ou enuoyer incontinent & ſans delay au Greffe de ladite Cour, tous les papiers, pieces & procedures qu'il aura en ſes mains, concernant les procez & differends de ſeſdits ſujets, le tout ainſi que plus au long le contiennent leſdites Lettres, Conclusions du Procureur general du Roy : Et tout conſideré, LA COVR a ordonné & ordonne leſdites Lettres eſtre regiſtrées au Greffe d'icelle, pour eſtre executées ſelon leur forme & teneur : Ce faiſant ordonne qu'elles ſeront leuës & publiées en icelle, l'Audiance tenant, & que coppies d'icelles deuëment collationnées par le Greffier de ladite Cour, ſeront enuoyées és Sieges des Eſlections & Greniers à Sel du reſſort de ladite Cour des Aydes de Rouen, pour y eſtre pareillement leuës & publiées à la diligence des Subſtituts du Procureur general du Roy eſdites Eſlections & Greniers à Sel. Fait à Paris en la Cour des Aydes, le douziéme iour de Ianuier mil ſix cens quarante.

Signé,   BOVCHER.

Collationné aux originaux par moy Conſeiller,
Secretaire du Roy & de ſes Finances.

DECLARATION
du Roy, portant Interdiction des Officiers du Bureau des Finances de Roüen.

LOVYS PAR LA GRACE DE DIEV ROY DE FRANCE ET DE NAVARRE, A tous ceux qui ces presentes Lettres verront, Salut : Les Charges de Treforiers de France ayans efté principalement eftablies par les Roys nos predeceffeurs & par Nous pour faciliter la leuée & impofition de nos deniers, felon que la neceffité du temps & des affaires le pouuoit requerir pour le bien de cét Eftat. Nous deuions efperer fur les occafions qui fe paffent & nous obligent à des defpenfes extraordinaires pour nous oppofer aux deffeins & entreprifes de nos ennemis : Que les Officiers du Bureau de noftre Generalité de Roüen, fauorife-roient, autant qu'il defpend du faict de leurs Charges, l'Impofition des fommes que nous fommes contraints de faire leuer fur nos Subiects de ladite Generalité, pour fubuenir aux defpences de la Guerre, & nous refmoigneroient ce qui eft de leur fidelité & affection au bien de noftre feruice : Mais tant s'en faut qu'ils ayent fatisfaict à ce qui eft en cela de leur deuoir, qu'au contraire par vn mefpris preiudiciable à noftre Authorité, qui fait voir la part qu'ils ont prife aux foufle-

A

uemens populaires qui ſont arriuez depuis n'agueres , tant en ladite Ville de Roüen qu'autres de la Prouince de Normandie; ils ont refuſé de reſtablir dans ladite Ville les Bureaux de Recepte de nos Droicts qui auoient eſté bruſlez par les ſeditieux. Ce qui a retardé la leuée des ſommes par Nous ordonnée eſtre faicte dans l'eſtenduë de ladite Generalité, & nous priue en ce faiſant du prompt ſecours que nous nous en eſtions promis : Et d'autant qu'vne ſi grande faute commiſe par leſdits Officiers , merite d'eſtre reprimée , & que nous leur facions ſentir les effects de noſtre indignation, Sçavoir faiſons, que Nous, pour ces cauſes , De l'Aduis de noſtre Conſeil, où eſtoient noſtre tres-cher & tres-amé Frere vnique le Duc d'Orleans, & autres principaux Seigneurs & Officiers de cette Couronne : Avons dit & declaré, diſons & declarons par ces preſentes ſignées de noſtre main, Voulons & nous plaiſt, Que leſdits Treſoriers de France au Bureau de ladite Generalité de Roüen, demeurent Interdits : Comme de faict Nous les Interdiſons de tout exercice & fonction de leurs charges. Deffendons à tous nos Subjects de ladite Generalité, tant comptables qu'autres, de les recognoiſtre en ladite qualité, Declarons dés à preſent tous Iugemens, Ordonnances , Sentences & autres Actes qu'ils pourroient rendre cy-apres audit Bureau , nuls & de nul effect, & ce iuſques à ce que par nous autrement en ait eſté ordonné. Commandons au premier noſtre Huiſſier ou Sergent qu'à ce faire commettons, ſe tranſporter au Bureau deſdits Treſoriers de France de Roüen, & leſdits Officiers ſeans, leur ſignifier ces preſentes nos Lettres d'Interdiction , A ce qu'ils n'en pretendent cauſe d'ignorance, Leur faiſant Commandement de par Nous d'y defferer & obeyr, & faire à cette fin tous Exploicts neceſſaires, ſans demander Placet, Viſa, ne

Pareatis, Nonobstant Clameur de Haro, Chartre Normande,
prise à partie, & autres choses à ce contraires. CAR tel est
nostre plaisir, En tesmoin dequoy nous auons faict mettre nostre Scel à cesdites presentes. DONNE' à Sainct
Germain en Laye le quinziéme iour de Decembre, l'an
de grace mil six cens trente neuf. Et de nostre regne le trentiesme. Signé, L O V I S. Et sur le reply, Par le Roy,
P H E L Y P E A V X. Et scellé sur double queuë d'vn grand
Scel en cire jaune.

L'A N mil six cens quarante, le troisiéme iour de Ianuier, à dix
heures du matin, N o v s Nicolas Tourte & Claude le Gay Huissiers ordinaires du Roy en les Conseils d'Estat & Priué sous signez:
Suiuant le Commandement à nous faict de la part du Roy, par
ordre de Monseigneur le Chancelier, Sommes transportez au Bureau des Sieurs Presidents & Tresoriers Generaux de France à Roüen,
assemblez en iceluy, Ausquels auons monstré & signifié les Lettres
Patentes de sa Majesté, Portant Interdiction de leurs Charges, données à Sainct Germain en Laye, le quinziéme iour de Decembre dernier, signées LOVIS, Et sur le reply, Par le Roy, Phelypeaux,
desquelles leur a esté faict lecture à haute voix par nous Tourte. Et leur
auons faict Commandement de par sa Majesté de se separer presentement & se retirer chacun d'eux en leurs Maisons, sans faire aucune assemblée ny deliberation. Et declaré qu'ils n'ont plus de pouuoir de
faire aucune fonction de leurs Charges, à ce qu'ils n'en pretendent
cause d'ignorance, & ayent a y obeyr, A quoy ils ont satisfait, & sommes demeurez audit Bureau iusques & apres les auoir veus tous sortir
d'iceluy, Ausquels auons baillé & laissé coppie tant desdites Lettres
que du present procez verbal, & icelle mise és mains de l'vn d'eux. Et à
l'instant auons enjoinct à Maistre Alexandre Guenet Greffier dudit

Bureau, d'aller trouuer & parler à Mondit Seigneur le Chancelier, &
luy porter son Registre qu'il tient en l'exercice de son Greffe, ce qu'il a
promis faire.

Signé,   JOVRTE, &   LE GAY.

*Collationné aux Originaux, par moy Conseiller
Secretaire du Roy.*

COMMISSION DV ROY,

pour exercer les charges de Presidens
Treforiers de France & Generaux des Finances
au Bureau eftably à Roüen.

OVIS Par la grace de Dieu Roy de France & de Nauarre, A Nos amez & feaux Confeillers en nos Confeils & Maiftres ordinaires en noftre Chambre des Comptes à Paris, Les Sieurs de Paris & de Colanges, Salut. Ayans par noftre Declaration du dixfeptiefme de Decembre dernier & pour les caufes y contenuës, Interdit aux Prefidens, Treforiers de France & Generaux de nos Finances au Bureau eftably à Roüen, l'exercice & fonction de leurs charges, Et à cefte occafion eftant neceflaire d'eftablir en leurs places pendant ladite Interdiction & jufques à ce que par nous autrement en ayt efté ordonné, des perfonnes de probité & fidelité affectionnez au bien de nos affaires & feruice, Et ne pouuant faire meilleur choix que de vos perfonnes en qui refident toutes lefdites qualitez. A CES CAV-SES, pour l'entiere confiance que nous prenons de vous, Novs vous auons commis, ordonnez & deputez, commet-

A

rons, ordonnons & deputons par ces presentes signées de nostre main, pour faire l'exercice & fonction de tout ce qui dé-
pend des charges de Presidents Tresoriers de France & Generaux de nos Finances en ladite Generalité de Roüen, aux
mesmes pouuoirs, authoritez, preeminences, & tout ainsi
qu'en joüissoient lesdits Presidents Tresoriers de France auparauant ladite Interdiction, & aux estatz & appointe-
ments qui vous serons par nous ordonnez, desquels vous
serez payez des deniers de nostre Espargne de quartier en
quartier, tant & si longuement que durera la presente Commission & jusques à ce que par nous autrement en ayt esté ordonné, Enjoignons aux Greffiers, Clercs de Greffes, Con-
cierge du Bureau, Huissiers d'iceluy, & à tous nos officiers
comptables de ladite Generalité, & autres nos officiers & subjects qu'il appartiendra, de vous recognoistre & obeyr à
l'effect de la presente Commission & dependances d'icelle.
MANDONS à nos amez & feaux Conseillers les Gens de
nos Comptes à Roüen, de faire regiltrer ces presentes, &
vous administrer tous papiers estans en icelle dont vous aurez
besoin pour l'execution de la presente Commission, Mesmes
de vous donner rang & seance honorable en icelle si le bien
de nostre seruice vous y appelle, CAR TEL est nostre
plaisir. DONNE' à Saint Germain en Laye le neufiesme
iour de Ianuier, l'an de grace mil six cens quarante, Et de nostre regne le trentiesme. Signé, LOVIS. & plus
bas, PAR LE ROY. PHELYPEAVX. Et
scellé sur simple queuë du grand sceau de cire jaune, Et au
dessoubs est escrit.

Leuës, publiées & regiſtrées au Bureau des Finances de la Ge-
neralité de Roüen, pour eſtre executées ſelon leur forme & teneur,

Et ordonné que copies collationnées des presentes seront enuoyées aux Officiers des Eslections, Greniers à Sel, & autres lieux du ressort de ceste generalité que besoin sera, à la diligence du Greffier dudit Bureau, lequel l'en certifiera dans la quinzaine de ce jourd'huy vingtroisiesme de Ianuier mil six cens quarante.

Signé.			GUENET.

DECLARATION

du Roy , portant Interdiction du
Lieutenant General de Roüen.

OVYS PAR LA GRACE DE DIEV
ROY DE FRANCE ET DE NAVARRE,
A tous ceux qui ces presentes Lettres verront, Salut.　Noftre plus grand defir eftant
de procurer toufiours autant qu'il nous eft
poffible vn ferme & affeuré repos à tous nos
fujects, nous nous ferions occupez cette derniere campagne à
vifiter nos frontieres, & pouruoir autant qu'il nous a efté
poffible à tout ce qui feroit neceffaire, pour empefcher que
les ennemis de noftre Eftat ny fiffent aucun progrez qui nous
fuft prejudiciable & defauantageux, ce qui nous auroit reüffy
autant heureufement que nous le pouuions efperer, Et comme pendant noftre voyage nous deuions attendre qu'en noftre Prouince de Normandie, & particulierement en noftre
Ville de Roüen, nos Officiers & Magiftrats contribueroient
ce qui feroit du debuoir de leurs charges, pour y maintenir
toutes chofes en tranquilité : Nous auons fçeu auec deplaifir
que s'efloignans de l'affection naturelle à laquelle ils nous font
obligez : Mefmes le Lieutenant General de ladite ville auroit
par fa lafcheté & conniuence fouffert tous les foufleuemens

A

ce defordres qui y font arriuez, lefquels ont produit en fuitte les actions violentes aufquelles les feditieux fe font portez, au grand mefpris de noftre auctorité, fans qu'il s'y foit oppofé par le debuoir de fa charge, & celle de Maire perpetuel de ladite Ville, qui luy donne vne plaine auctorité fur les habitans, au moyen de laquelle il luy euft efté facile d'arrefter le mal en fa naiffance, En quoy il fe trouue auoir comis vne faute fi importante, que nous ne la pouuons diffimuler, au contraire nous fommes obligez de la punir par vn chaftiment exemplaire : afin de retenir dans le debuoir ceux qui fe voudroient porter a l'aduenir à de femblables actions. SÇAVOIR FAISONS, Que nous pour ces caufes, De l'Aduis de noftre Confeil, où eftoient noftre tres cher & tres-amé Frere vnique le Duc d'Orleans, & autres principaux Seigneurs & Officiers de cette Couronne : AVONS dit & declaré, difons & declarons par ces prefentes fignées de noftre main, voulons & nous plaift, Que ledit Lieutenant General de noftredite Ville de Roüen, demeure Interdit ; Comme de faict Nous l'Interdifons de tout exercice & fonction de fa Charge. DEFENDONS à tous nos Subjets de fon reffort, de le recognoiftre en la qualité de Iuge, Declarans dés à prefent comme deflors, tous Iugemens, Sentences & autres Actes ou il pourroit affifter & rendre cy apres, nuls & de nul effect, Et ce iufques à ce que par nous autrement en ayt efté ordonné. Commandons à nos Huiffiers fignifier ces prefentes nos Lettres d'Interdiction audit Lieutenant General, à ce qu'il n'en pretende caufe d'ignorance, & ayt a y defferer & obeïr, Luy faifant en outre commandement, de fortir de ladite Ville quatre iours apres la fignification de cefdites prefentes, & fe rendre à noftre cour & fuitte, fur peine d'eftre procede con-

tre luy, comme contreuenant à nos commandemens , faisant
à cette fin par lesdits Huissiers tous exploicts requis & necessaires, sans demander placet, visa, ne pareatis, Nonobstant
Clameur de Haro, Chartre Normande, prise à partie, & autres choses à ce contraires. CAR TEL est nostre plaisir, En
tesmoing dequoy nous auons faict mettre nostre Scel à cesdites presentes. DONNE' à Saint Germain en Laye le
dixseptiesme iour de Decembre, l'an de grace mil six cens
trente-neuf , Et de nostre regne le trentiesme.   Signé,
LOVIS. Et sur le reply, Par le Roy, PHELYPEAVX.
Et scellé sur double queuë d'vn grand Scel en cire jaune.

L'AN mil six cens quarante , le neufiesme iour de Ianuier,
Nous Nicolas Tourte & Claude le Gay Huissiers ordinaires
du Roy en ses Conseils d'Estat & Priué souzsignez : Suiuant le Commandement à nous faict de la part de sa Majesté, par ordre de Monseigneur le Chancelier, Nous sommes transportez en
l'Hostel commun de la Ville de Roüen, ou estant le sieur Lieutenant
General de ladite Ville, côme Maire perpetuel d'icelle, assemblé auec
tous les Maire, Escheuins, Conseillers & autres Officiers dans leur
Bureau, Nous luy auons, parlant a sa personne, monstré & signifié
les Lettres Patentes de sa Majesté, Portant Interdiction de sa Charge
de Lieutenant General , données a Saint Germain en Laye le dixseptiesme iour de Decembre dernier, signées LOVIS, Et sur le
reply, Par le Roy, Phelypeaux , & scellées du grand sceau de cire
jaune en double queue, desquelles luy a esté fait lecture a haute voix,
par nous le Gay : Et luy auons faict Commandement de par sa Majesté de se retirer & sortir de ladite Ville quatre iours apres la presente
signification , & se rendre à la cour & suitte de sadite Majesté, sur
peine d'estre procedé contre luy comme contreuenant a ses commandemens, Et faict deffences de faire aucune fonction de sa Charge
jusques à ce que par ladite Majesté autrement en soit ordôné, de quel-

les lettres & preſent procés verbal luy auons baillé & laiſſé coppie, à
ce qu'il aye a y obeir, & n'en pretende cauſe d'ignorance.

Signé,　　　TOVRTE. &　　　LE GAY.

Collationné aux Originaux, par moy Conſeiller
Secretaire du Roy.

COMMISSION POVR
exercer la charge de Lieutenant General à Roüen.

OVIS PAR LA GRACE DE DIEV, ROY DE FRANCE ET DE NAVARRE, A nostre amé & feal Maistre Charles Boulays, Lieutenant Particulier au Bailliage & Siege Presidial de Roüen, Salut. Ayant par nos lettres de Declaration du dix-septiéme Decembre mil six cens trente neuf, Interdit le Lieutenant General de nostre ville de Roüen de tout exercice & fonction de sa charge, jusques à ce que par nous autrement en ayt esté ordonné, Et estant necessaire pendant ladite Interdiction de commettre en son lieu & place quelque personnage à nous feable, qui puisse en cette qualité administrer la Iustice à nos sujects du ressort du Presidial de ladite ville. A CES CAVSES, bien informez de vostre capacité, suffisance & experience au faict de ladite Iustice & bonne diligence, ensemble de vostre affection & fidelité à nostre service, Nous vous auons commis, ordóné & deputé, comme commettõs, ordónons & deputons par ces presentes signées de nostre main,

Pour exercer ladite charge de Lieutenant General en noftredite ville de Roüen, & d'icelle joüir & vfer aux honneurs,
auctoritez préeminences, gages, droicts, fruicts, proficts,
reuenus & émolumens qui y appartiennent; SI DONNONS
EN MANDEMENT à noftre tres-cher & feal Cheualier
Chancelier de France, Que de vous pris & receu le ferment
en tel cas requis & accouftumé, Il vous mettre & inftituë, ou
face mettre & inftituer de par nous en ladite charge, & d'i-
celle joüir & vfer plainement & paifiblement, & à vous obeïr
& entendre de tous ceux & ainfi qu'il appartiendra, le tout
comme dict eft, jufques à ce que par nous autrement en ayt
efté ordonné, CAR TEL eft noftre plaifir. DONNE' à
Saint Germain en Laye le dixhuictiefme iour de Decembre,
l'an de grace mil fix cens trente-neuf, Et de noftre regne le
trentiefme. Signé, LOVIS. Et plus bas, PAR
LE ROY. PHELYPEAVx. Et fcellé fur fimple
queuë du grand fceau de cire jaune. Et en marge eft efcrit.

*Aujourd'huy neufiefme iour de Ianuier mil fix cens quarante,
ledit fieur Boullays denommé au blanc des prefentes, à faict &
prefté és mains de Monfeigneur Seguier Comte de Gyen, Chancelier de France, le ferment qu'il eftoit obligé de faire, à caufe de
la charge de Lieutenant General en la ville de Roüen, à laquelle
il a efte commis par fa Majefté, Moy Confeiller Secretaire du Roy
& de fes Finances, & de Mondit Seigneur le Chancelier prefent.*

Signé,   CEBERET.

L Eüe & publiée en Iugement, deuant nous Charles Boullays,
Conseiller du Roy, Lieutenant Particulier au Bailliage &
Siege Presidial de Roüen, le Mardy dixiesme iour de Ianuier mil
six cens quarante, Et ordonné ce requerant le Procureur du Roy,
parlät par Dehebert premier Aduocat de sa Ma.esté audit Bailliage,
Qu'elle sera regiſtrée és regiſtres du Greffe de ce lieu, pour y
auoir recours quand besoing sera. Faict comme desſus.

Signé, **BOVLLAYS. DEHEBERT. & LE MARYE**.

Declaration du Roy, portant Interdiction du Corps de Ville de la Ville de Roüen.

LOVIS PAR LA GRACE DE DIEV, ROY DE FRANCE ET DE NAVARRE, à tous ceux qui ces presentes lettres verront, Salut. Apres auoir porté nos armes iusques dans les Estatz des anciés ennemis de cette Couronne, auec vne assistance si visible & si particuliere de Dieu, qu'elles ont presque tousiours esté victorieuses : Nous jugeasmes que pour asseurer le dedans de nostre Royaume, il estoit besoin de visiter nos Villes frontieres, afin de donner par nostre presence tous les ordres necessaires, Ce que nous n'eusmes pas plustost executé, qu'aprenant l'oppression de la Duchesse de Sauoye nostre tres-chere Sœur, Nous passasmes en diligence en l'vne des autres extremitez de nostre Royaume, pour la deffendre contre la violence des vsurpateurs de ses Estatz, Et bien qu'en suitte de ces trauaux continuels & des frequents perils ou nous exposions nostre personne pour le repos & pour la seureté de tous nos peuples, nous deussions attendre des effects signalez de leur recognoissance & fidelité, Nous auons sçeu auec vn sensible déplaisir que nos sujects de nostre Prouince de Normandie, & particulieremét de nostre ville de Roüen, s'esloignát du debuoir auquel ils nous sont naturellemét obligez, s'estoient sousleuez contre nostre auctorité, auoient pillé les bureaux de nos receptes, trempé leurs mains dans le sang des plus affe-

ſtionnez à noſtre ſeruice, & en fin porté le fer & le feu en diuers endroicts, Et bien qu'il fuſt ſans doubte au pouuoir des
Magiſtrats de noſtredite ville d'eſtouffer cette ſeditió naiſſan-
te, & dont les commencemens, ainſi qu'il arriue d'ordinaire
en ſemblables occaſions, ne pouuoient eſtre que fort foibles,
Neantmoins, ſoit par laſcheté, par conniuence, où par tous
les deux enſemble, Ils ont veu, les bras croiſez, executer à leurs
yeux tout ce que la rage & la violence inſpirent à vne populace, qui ſe laiſſant tranſporter aux premiers mouuemens de ſa
fureur, n'eſt retenuë par aucun frain, ny reprimée par vne vi-
goureuſe reſiſtance des Magiſtrats, qui en des rencontres
ſemblables ſont obligez d'expoſer leurs vies pour la deffence
de noſtre auctorité; Enquoy ils ont commis vne faute ſi importante, que bien que quelques fois nous ayons vſé de cle-
mence pour pardonner les mouuemens inconſiderez de quelques peuples, qui par les artifices & inductions de perſonnes
mal affectionnées à noſtre ſeruice, s'eſtoient eſloignez de leur
legitime obeïſſance: Toutesfois en cette occaſion & dans les
circonſtances du temps & des affaires preſentes, où rien ne
peut eſtre de plus dangereuſe conſequence que l'exemple que
cette Ville capitale d'vne grande Prouince a donné d'vne des
plus grandes ſeditions, & des plus violents tumultes qui puiſſent arriuer dans vn Eſtat : & ou la diſſimulation ſeroit tres
perilleuſe, & le pardon encor plus dommageable que le crime
meſme, Il eſt abſolument neceſſaire que ceux qui n'ont peu
eſtre retenus par la reuerence qu'ils doibuent naturellement à
leur Prince, le ſoient au moins par la rigueur des peines, Affin
que ſi ce ſiecle donne des exemples déplorables de ceux qui
auctoriſent par leur negligence & par leur laſcheté les ſeditions qu'ils ſont obligez de reprimer par leur vigilence & par
leur courage, il en fourniſſe auſſi de leurs chaſtimens, & que

l'on apprenne deformais, que comme le bon-heur des peuples confifte en la fidelité & en l'obeïffance qu'ils rendent à leur Souuerain, leur malheur au contraire fe rencontre toufiours dans leur infidelité & dans leur reuolte. Sçavoir faisons, Que nous pour ces caufes, eftant deuëmét informez de la faute & mauuaife códuite des Officiers dudit corps de Ville fur le faict defdites rebellions, De l'Aduis de noftre Confeil, où eftoient noftre tres-cher & tres-amé Frere vnique le Duc d'Orleans, & autres principaux Seigneurs & Officiers de noftre Confeil. Avons dict & declaré, difons & declarons par ces prefentes fignees de noftre main, voulós & nous plaift, Que lefdits Officiers de la Maifon de Ville de Roüen demeurent interdicts, Comme de faict nous les interdifons de tout exercice & fonction de leurs charges, Deffendons à tous nos fujets habitans de ladite Ville, & autres, de les recognoiftre en ladite, qualité ny defferer à leurs ordres à peine de defobeïffáce, Voulós que ladite Maifon de Ville demeure & foit déchëüe de tous fes priuileges, lefquels nous reuoquons à cet effect, La priuant d'abondant de tout le reuenu qui luy pouuoit appartenir de quelque nature qu'il puiffe eftre, lequel en ce faifant nous auons reüny & reüniffons à noftre domaine, le tout jufques à ce que nous en ayons autrement ordonné, Commandons à nos Huifliers qu'à ce faire commettons, de fignifier ces prefentes nos Lettres d'Interdictió aux Officiers dudit corps de Ville, à ce qu'ils n'en pretendent caufe d'ignorance & ayent a y fatisfaire & obeyr, Leur faifant en outre commandement de fe retirer de ladite Ville, & en fortir quatre iours apres la fignification defdites prefentes, & fe rendre à noftre cour & fuitte, fur peine d'eftre procedé contre eux comme contreuenans à nos commandemens; Faifant à cette fin par lefdits Huifliers tous exploicts requis & neceffaires, fans demander placer, visa, ne pareatis, Nonobstant aussi Clameur de haro, Chartre Normande, prise à partie, & autres choses à ce contraires, CARTEL est nostre plaisir, En tesmoing dequoy nous auons faict mettre nostre scel à cesdites presentes. DONNE' à Saint Germain en Laye le dixseptiesme iour de Decembre l'an de grace mil six cens trente-neuf, Et de nostre Regne le trentiesme. Signé, LOVIS. Et sur le reply, Par le Roy, PHELYPEAVX. Et scellé sur double queuë d'vn grand scel en cire jaune.

L'An mil six cens quarante, le neufiéme iour de Ianuier enuiron les neuf à dix heures du matin, Nous Nicolas Tourte & Claude le Gay Huissiers ordinaires du Roy en ses Conseils d'Estat & Priué, suiuant le commandement à nous fait de la part de sa Majesté par ordre de Monseigneur le Chancelier, Sommes transportez en l'Hostel commun de cette Ville de Roüen, Mondit Seigneur le Chancelier & le Conseil du Roy y estant, où estoient assemblez les sieurs Escheuins, officiers, & corps de ladite Ville en leur bureau, & parlant à leurs personnes leur auós monstré & signifié les Lettres patentes de sa Majesté donnees à Saint Germain en Laye le 17. iour de Decembre dernier, signées LOVIS, & sur le reply, Par le Roy, Phelypeaux, & scellées, Portant lesdites Lettres interdiction de tout exercice & fonction de leurs charges, Que ladite Maison & Hostel de Ville demeure décheüe de tous ses priuileges, lesquels sa Majesté a renoquez par lesdictes Lettres, auec priuation de tout le r uenu qui pourroit appartenir audit Hostel de Ville de toute nature que ce soit, que sa Majesté a reünis à son Domaine iusques à ce qu'elle en ayt ordóné, desquelles Lettres leur a esté faict lecture à haute voix par nous Tourte, à ce qu'ils n'en pretendent cause d'ignorance & ayent a y obeïr, Et leur auons en suitte faict commandement de par sa Majesté de se retirer & sortir de ladite Ville, chacun d'eux tant presens qu'absens dudit lieu, dans quatre iours d'huy, & se rendre à la cour & suitte de sa Majesté sur les peines y contenuës, desquelles Lettres leur auons baillé & laissé coppie auec autant du present procés verbal. Et outre leur auons declaré que suiuant le susdit ordre, nous allons apposer le scellé contre les Serrures & Portes des Chambres, Bureaux & Cabinets dudit Hostel de Ville, que nous auons estimé estre necessaires pour la conseruation de ce & ainsi qu'il appartiendra, Lequel scellé nous auós apposé, pour la garde duquel le sieur Cazilie Lieutenant du sieur Grand Preuost de France & de l'Hostel de sa Majesté, auec quatre Archers, sont demeurez dans ledit Hostel de Ville.

Signé,   TOVRTE. & LE GAY.

EXTRAICT DES REGISTRES
DV CONSEIL D'ESTAT.

E ROY ayant par ſes Lettres Patentes
en forme de Declaration du 17. iour de
Decembre dernier, pour les cauſes y contenuës, Interdit les Officiers de la Maiſon
de Ville de Roüen, de l'exercice & fonctió
de leurs charges, declarée decheüe ladite
Maiſon de Ville de tous ſes priuileges, &
icelle priuée de tout le reuenu qui luy pouuoit appartenir de
quelque nature qu'il puiſſe eſtre, lequel ſa Majeſté auroit reüny
à ſon Domaine, le tout juſques à ce qu'autrement en ayt eſté
ordonné, leſdites Lettres ſignifiées le neufiéme du preſent
mois à ladite Maiſon de Ville, le corps des Officiers aſſemblé,
auſquels conformémét auſdites Lettres auroit eſté faict commandement de ſe retirer de ladite Ville, en ſortir dans quatre iours apres, & ſe rendre à la cour & ſuitte de ſa Majeſté.
Et d'autant qu'il eſt neceſſaire de pouruoir au gouuernement
& adminiſtration des affaires de ladite Maiſon de Ville dont
leſdits officiers prenoient cognoiſſance auparauant ladite Interdiction. SA MAIESTE' ESTANT EN SON
CONSEIL, A ordonné & ordonne, Que par les Sieurs
Pouchet, Lieſſe, Bouclon, Bulteau, Pauyot & Duhamel,
qu'elle a commis & deputtez à cét effect, les affaires de ladite
Maiſon de Ville feront regies, gouuernées & adminiſtrées
ainſi qu'elles eſtoient par les officiers d'icelle auant ladite Interdiction, Sans neantmoins que leſdits Commiſſaires puiſſent prendre qualité de Maire & Eſcheuins, mais ſeulement
de Commiſſaires deputtez par ſa Majeſté pour l'adminiſtra-

A

tion & gouuernement de ladite Maiſon de Ville, ENIOINCT tres-expreſſement à tous les Bourgeois, Marchands & habitans de ladite Ville, & autres qu'il appartiendra, de recognoiſtre leſdits Commiſſaires & defferer à leurs ordres tout ainſi qu'ils faiſoient à ceux des officiers de ladite Maiſon de Ville auparauant ladite Interdiction, & iuſques à ce qu'il ayt eſté pourueu par ſa Majeſté à la recepte des deniers & reuenus de ladite Maiſon de Ville, ſoit octroys ou patrimoniaux. EN-IOINCT tres-expreſſément au Receueur de ladite Maiſon de Ville de continuer la Recepte, & en tenir bon & fidel regiſtre, lequel il fera parapher par leſdits Cómiſſaires, & deffences à luy de ſe deſſaiſir des deniers, & de ceux trouuez en ſes mains, ou dans les coffres de ladite Maiſon de Ville lors de ladite Interdiction, que par les ordónances du Conſeil. Faict au Conſeil d'Eſtat du Roy, tenu à Saint Germain en Laye le 10. iour de Ianuier mil ſix cens quarante. Signé, PHELYPEAVX.

LOVIS par la grace de Dieu,

Roy de France & de Nauarre. A Nos chers & bien amez les Sieurs Pouchet, Lieſſe, Bouclon, Bultreau, Pauyot & Duhamel, Bourgeois & habitans de noſtre ville de Roüen, Salut. Suiuant l'Arreſt de noſtre Conſeil d'Eſtat ce jourd'huy donné, dont l'extraict eſt cy attaché. Nous vous ordónons, commetons & deputons par ces preſentes ſignées de noſtre main, Pour gouuerner & adminiſtrer les affaires de la Maiſon de noſtredite Ville de Roüen, ainſi qu'elles eſtoiét par les Officiers d'icelle, auant l'Interdiction de l'exercice & fonction de leurs charges, Sans neantmoins que puiſſiez prendre qualité de Maire & Eſchevins, mais ſeulement de Commiſſaires par nous deputez pour l'adminiſtration &

gouuernement de ladite Maifon de Ville : DE CE FAIRE, vous donnons pouuoir & mandement fpecial, Enjoignons tres-expreffément à tous les Bourgeois, Marchands & habitans, & autres qu'il appartiendra, de vous recognoiftre & defferer à vos ordres, tout ainfi qu'ils faifoient à ceux des Officiers de ladite Maifon de Ville auparauât ladite Interdiction, & jufqu'à ce qu'il ayt efté par nous pourueu à la Recepte des deniers & reuenus de ladite Maifon de Ville reünis à noftre Domaine, foit octroys ou patrimoniaux, Nous commandons & tres-expreffément enjoignons au Receueur de ladite Maifon de Ville d'en continuer la Recepte, & en tenir bon & fidel Regiftre, lequel parapherez, Luy faifant deffences de fe deffaifir des deniers, & de ceux trouuez en fes mains, ou dans les Coffres de ladite Maifon de Ville lors de ladite Interdiction, que par nos Ordonnances, ou de noftre Confeil. Commandons au premier Huiffier de noftre Confeil, ou autre fur ce requis, faire pour l'entiere execution de noftredit Arreft & des prefentes, toutes fignifications, commandemens, deffences, & autres actes & exploicts neceffaires, fans demander aucune permiffion ny pareatis : Nonobftant Clameur de haro, Chartre Normande & prife à partie, CAR TEL eft noftre plaifir. DONNE' à Saint Germain en Laye le dixiefme iour de Ianuier, l'an de grace mil fix cens quarante, Et de noftre regne le trentiefme. Signé, LOVIS. Et plus bas, Par le Roy. PHELYPEAVX. Et fcellé du grand fceau de cire jaune.

Collationné à l'original, par moy Confeiller Secretaire du Roy & de fes Finances.

AVjourd'huy vnziefme iour de Ianuier mil fix cens quarante, lefdits Sieurs Pouchet, Lieffe, Bouclon, Bulteau,
Pauyot & Duhamel, dénommez en l'Arreft du Confeil du
Roy & Commiffion cy deffus, Ont fait & prefté és mains
de Monfeigneur Seguier Comte de Gyen, Chancelier de
France, le ferment qu'ils doibuent à caufe de la Commiffion
qui leur eft donnée pour l'adminiftration de la Maifon de
Ville de Roüen, jufques à ce que fa Majefté en ayt autrement
ordonné. Moy Confeiller Secretaire du Roy & de fes Finances & de Mondit Seigneur le Chancelier, prefent.

Signé,   CEBERET.

Extraict des Regiſtres du Conſeil d'Eſtat.

LE Roy eſtant informé des grandes commoditez & aduantages que ſes Subjets non ſeulement de la Prouince de Normandie, mais de toutes les autres Prouinces de ſon Royaume, reçoiuent du commerce & trafic qui ſe faict dans les Foires accouſtumées eſtre tenuës en la Vil'e de Roüen : SA MAIESTE' ESTANT EN SON CONSEIL, Deſirant procurer autant qu'elle pourra le bien de ſes Subjets, ſoulager leurs neceſſitez & leur donner moyen de reparer les pertes que leur cauſe la guerre : A ORDONNE' ET ORDONNE que la publication de la Foire de la Chandeleur ſera faite en tous les lieux ou elle a accouſtumé, pour eſtre ouuerte & tenuë en la meſme forme & pendant le meſme temps & auec les meſmes franchiſes que les années precedentes, ſans que les Marchands puiſſent eſtre contraints de payer plus grands droicts que ceux qui ont eſté cy deuant leuez eſdites Foires, Faiſant tres expreſſes inhibitions & deffences à toutes perſonnes d'en exiger autres à peine de punition, Et d'autant que pendant la tenuë deſdites Foires le Lieutenant General auec les Eſcheuins de ladite Ville de Roüen, auant qu'ils euſſent eſté priuez de leur Iuriſdiction, prenoient cognoiſſance de tous les procez & differends qui ſuruenoient entre les Marchands à raiſon deſdites Foires :

A

SADITE MAIESTE' Ordonne que le Lieuteñant Particulier commis en la charge de Lieutenant General auec les Conſuls de ladite Ville de Roüen qu'elle a commis pour cét effect au lieu & place deſdits Eſcheuins, cognoiſtront de tous les procez & differends qui pourront interuenir entre les Marchands trafiquants à raiſon de ladite Foire, en la meſme forme & maniere que faiſoient leſdits Lieutenant General & Eſcheuins auant la reuoquation des priuileges de la Ville, & à cét effect ſadite Majeſté, entant que beſoin ſeroit, leur en a attribué toute Iuriſdiction, & cognoiſſance d'icelle interdite à tous autres Iuges, & ce iuſques à ce qu'autrement en ayt eſté ordonné : FAICT au Conſeil d'Eſtat du Roy, tenu à S. Germain en Laye, le quatorziéme iour de Ianuier mil ſix cens quarante. Signé, PHELYPPEAVX.

L OVIS, PAR LA GRACE DE DIEV, ROY DE FRANCE ET DE NAVARRE, Au Lieutenant Particulier du Bailliage de Roüen, Commis à la charge de Lieutenant General d'iceluy, & aux Iuges Conſuls de ladite Ville, Salut : Suiuant l'Arreſt de noſtre Conſeil d'Eſtat, donné ce iourd'huy dont l'Extraict eſt cy attaché, NOVS ordonnons que la publication de la Foire de la Chandeleur ſera faicte en tous les lieux qu'elle a accouſtumé, pour eſtre ouuerte & teuuë en la meſme forme pendant le meſme temps & auec les meſmes franchiſes que les années precedentes, & par ces preſentes ſignées de noſtre main, Vous auons commis & à ce deputez, commettons & deputons pour cognoiſtre & iuger tous les procez & differends qui pourront interuenir entre les Marchands trafiquants eſdites Foires, & pour raiſon d'icelles, tout ainſi & en la meſme forme & maniere que faifoient aux Foires precedentes , les Lieutenant General & les Efcheuins de ladite ville auant qu'ils euffent efté priuez de leur Iurifdiction, vous en attribuant toute Cour, Iurifdiction & cognoiffance, & icelle interdifons à tous autres Iuges: De ce faire vous donnons pouuoir & mandement fpecial : C O M-M A N D O N S Au premier noftre Huiffier ou Sergeant fur ce requis , de faire pour l'entiere execution dudit Arreft & des prefentes, toutes publications, commandements, deffences & tous autres actes & exploicts requis & neceffaires , fans pour ce demander aucun congé ne pareatis : Nonobftant clameur de Haro, Chartre Normande & lettres à ce contraires : C A R tel eft noftre plaifir, Donné à fainct Germain en Laye , le 14. iour de Ianuier l'an de grace 1640. & de noftre regne le trentiéme. Signé, L O V I S. Et plus bas par le Roy, Signé , P H E L Y P E A V X. Et fcellé du grand fceau de cire iaulne.

Extraict des Registres du Conseil d'Estat.

LE ROY AYANT PAR SES LETTRES Patentes, du 17. Decembre dernier, pour les caufes y contenuës reuny à fon Domaine les reuenus qui appartenoient à l'Hoftel de Ville de Roüen, de quelque nature qu'ils puiffent eftre, Et defirant en auoir vne entiere cognoiffance, mefmes de ce qui peut en eftre deub des dernieres années 1637. 1638. & 1639. & les defpences qui en ont efté faictes: A ORDONNE' ET ORDONNE Que les Receueurs commis & autres qui ont fait la recepte & maniement defdits reuenus de quelque nature qu'ils puiffent eftre : Mettront és mains du Secretaire du Confeil dans trois iours pour tous delays les comptes & eftats de la recepte & defpence qu'ils ont faite defdits deniers pour lefdites années 1637. 1638. & 1639. & feront efdits eftats recepte entiere de tous lefdits reuenus, fauf à faire reprife des reftes qui en font deubs, & à recourer par le menu, & lefquels eftats ils verifieront & certifieront au Confeil pour iceux veus eftre ordonné ce que de raifon : Et à faute d'y fatisfaire dans ledit temps, Ordonne fadite Majefté que lefdits Receueurs & Commis feront contraints par les voyes accouftumées pour les deniers & affaires de fa Majefté en leurs propres & priuez noms au payement de ce qui eft deub par ledit Hoftel de Ville pour les affaires de fa Majefté, tant à caufe de la fubfiftance, emprunts, taxes, qu'autrement : FAICT au Confeil d'Eftat du Roy, tenu à Roüen, le 19. iour de Ianuier, mil fix cens quarante.

Signé   GALLAND.

DE PAR LE ROY.

IL est ordonné aux Commiſſaires eſtablis pour l'adminiſtration de la Maiſon de Ville de Roüen, de faire aſſembler les Capitaines, Lieutenans, Enſeignes & principaux bourgeois de ladite Ville en l'Hoſtel commun d'icelle, pour y entendre les volontez du Roy. Faict à Roüen le dixhuictieſme iour de Ianuier mil ſix cens quarante. Signé, SEGVIER. Et plus bas, Par Monſeigneur, CEBERET.

Extraict des Regiſtres de l'Hoſtel commun de la Ville de Roüen.

L'AN de grace mil ſix cens quarante, le Ieudy 19. iour de Ianuier en l'aſſemblée des Capitaines, Lieutenans, Enſeignes & principaux bourgeois de la Ville de Roüen, tenuë en l'Hoſtel commun de ladite Ville, Deuant nous Charles Boullays Conſeiller du Roy, Lieutenant Particulier au Bailliage dudit Roüen, Commis a la charge de Lieutenant general de ladite Ville, Preſence de Meſſieurs Pouchet, Lieſſe, de Bouclon, Bulteau, Pauyot & Duhamel, Commiſſaires deputez par le Roy à l'adminiſtration & gouuernement de la Maiſon de Ville dudit Roüen. SVR ce qui a eſté repreſenté par Monſieur Pouchet l'vn deſdits ſieurs Commiſſaires, qu'ayant eſté le jourd'hier reçeuoir les ordres de Monſeigneur le Chancelier, Mondit Seigneur leur auoit fait eſperer que le Roy deſirant par des effects de ſa bonté accouſtumée ſoulager cette Ville, Fauxbours & Banlieuë, des dommages, incommoditez & ruines que le logement & nourriture des Gens de Guerre apportoient aux habitans d'icelle, Sa Majeſté feroit grace à ladite Ville d'en faire ſortir ſes Troupes dans trois ou quatre jours, pourueu que les habitans donnaſſent aſſeuran-

A

ce à sa Majesté de conseruer ladite Ville soubs son obeyssance; Et sur ce Mondit Seigneur leur auoit commande de conuoquer la presente assemblée, pour luy faire entendre ses intentions, dont il leur auoit fait expedier son Ordonnance, de laquelle lecture ayant esté faite, ensemble de la Commission donnée par ladite Majesté ausdits Sieurs Commissaires. Il a esté vnanimement declaré par tous les Capitaines, Lieutenans, Enseignes & Bourgeois presens en ladite assemblée, qu'ils prenoient en leur garde ladite Ville de Roüen soubs le bon plaisir de sa Majesté, qu'ils se chargeoient au peril de leurs vies de la conseruer en l'obeyssance & sidelité deüe au Roy leur souuerain Seigneur, comme ils s'y recognoissoient obligez par leur naissance; & qu'ils promettoient de courir sus à tous ceux qui en voudroient troubler le repos, soubs la conduite & commandement de celuy qu'il plairoit à sa Majesté leur ordonner, pour l'absence de Messeigneurs les Gouuerneurs, donnans tout pouuoir ausdits Sieurs Commissaires d'en porter les asseurances à Mondit Seigneur le Chancelier, & en ce faisant, le suplier tres-humblement de descharger ladite Ville, Fauxbourgs & Banlieuë de Roüen du logement desdites Troupes. Et afin que la presente resolution soit notoire à vn chacun, & que tous leurs concitoyens qui ne se sont trouuez en la presente assemblée contribuent à ce dessein. Il a esté arresté qu'elle seroit publiquement leüe Dimanche prochain aux Prosnes des Messes Parroissiales deladite Ville & Banlieuë, & affichée par tous les Carfours & lieux publics d'icelle Ville. FAICT & deliberé les iour & an que dessus.

Signé,   THIAVLT.

EXTRAICT DES REGISTRES DV
Conseil d'Estat.

VEV par le Roy en son Conseil, l'Arrest d'iceluy du 3. du present mois de Ianuier, Par lequel & pour les causes y contenuës, Sa Majesté auroit ordonné les restablissemens des Bureaux de ses Fermes & affaires, estre faict par les Comissaires par elle pour ce deputez, & le tout mis à sa protectió & de ses Capitaines & Bourgeois des quartiers desdits Bureaux, Les procés verbaux desdits Commissaires contenans lesdits restablisse-

mens & injonctions faites par lefdits Commiffaires aufdits Capitaines & Bourgeois pour ce appellez : Et d'autant que la plufpart defdits Bourgeois n'ont comparu par deuant lefdits Commiffaires pour
fatisfaire audit Arreft & injonctions, Et defirant fadite Majefté faire
viure en paix lefdits Capitaines & Bourgeois, & que pour raifon de
ce, ils foient obligez & refponfables les vns & les autres à la protection defdits Bureaux, foyent qu'ils ayent figné lefdits procés verbaux ou non, & qu'ils ayent efté abfens lórs d'iceux. SADITE
MAIESTE' EN SON CONSEIL, A ordonné & or-
donne, Que lefdits Capitaines, Bourgeois & habitans de ladite
Ville de Roüen de quelques Parroiffes qu'ils dépendent, lefquels
n'ont comparu audit reftabliffement, ny figné les procés verbaux
defdits Commiffaires, feront tenus de garder & conferuer tous lefdits Bureaux & deniers de fefdites fermes & affaires auec les autres y
dénommez, fuiuant & conformément audit Arreft & Ordonnances
defdits Commiffaires fur les peines y contenuës, les y declarant fa
Majefté tenus & obligez tout ainfi que s'ils auoient figné lefdits
procés verbaux, Et afin que perfonne n'en ignore, VEVT fadite
Majefté que le prefent Arreft foit leu & publié aux Profnes defdites
parroiffes, à fon de Trompe & cry public par tous les carfours &
lieux accouftumez de ladite Ville de Roüen, Dont les Capitaines
feront tenus de retirer les certificats & procés verbaux defdites publications dans huictaine, pour iceux eftre mis és mains du Secretaire du Confeil à peine de defobeïffance, & d'en courir les peines
portées par ledit Arreft & procés verbaux. FAICT au Confeil
d'Eftat du Roy, tenu à Roüen le dixneufiefme iour de Ianuier mil
fix cens quarante.

Signé, GALLAND.

4

IL est ordonné aux Commissaires establis pour l'administration de la Maison de la Ville de Roüen, de faire assembler le vingt-neufiesme de ce mois dans ladite Maison de Ville deux des principaux de chacun corps tant des Officiers, Bourgeois, Marchands, gens de Mestier, Artisans, & autres habitans de ladite Ville, des Fauxbourgs & Banlieuë d'icelle de quelque condition qu'ils soient, Pour aduiser aux moyens les plus faciles pour la repartition entre-eux des deniers qui doibuent estre imposez, tant pour le reste de la subsistance de l'année derniere, & la presente, taxes des aisez, que dédommagement des intheressez aux Emotions dernieres arriuées en ladite Ville. FAICT à Roüen ce vingt-sixiesme iour de Ianuier mil six cens quarante. Signé, SEGVIER. Et plus bas, Par Monseigneur, CEBERET.

Extraict des Regiſtres du Conſeil d'Eſtat.

E ROY ayant pour le ſoulagement des Bourgeois & habitans de la Ville de Roüen, & faciliter le paye-ment des ſommes qu'ils doiuent payer, tant à cauſe de la ſomme de quarante trois mil liures de reſte de la ſub-ſiſtance de l'année derniere, de la ſomme de quarante deux mil liures deüe de reſte au ſieur Euf, de ſix vingts mil liures, dont il a fourny aux Eſcheuins de ladite Ville quittance de l'Eſpargne à leur deſcharge, de la ſomme de cent cinquante mil liures à laquelle ladite ville a eſté taxée pour la ſubſiſtance des Troupes du pre-ſent quartier d'Hyuer, de la ſomme de quatre cens vingt mil liures, à la-quelle ſe monte au denier quatorze, trente mil liures de rente à prendre ſur les Tailles, ordonnée eſtre diſtribuée aux aiſez de ladite Ville, & qua-tre cens mil liures à quoy les pertes & dommages ſoufferts par les Fer-miers Generaux & Particuliers Commis és Bureaux eſtablis en ladite Ville pour la leuée des droicts de ſa Majeſté, & autres dont les maiſons ont eſté degradées & demolies & les meubles & deniers pris & pillez pendant les émotions iuruenuës en ladite Ville au mois d'Aouſt dernier, reuenant leſdites ſommes à la ſomme d'vn million cinquante cinq mil li-ures, Permis & octroyé auſdits Habitans par Arreſt de ſon Conſeil, & Lettres Patentes de ce iourd'huy, la leuée & impoſition ſur les denrées & marchandiſes qui ſe côſommeront en ladite Ville, Fauxbourgs & Ban-lieuë d'icelle, pendant trois ans, Suiuant le Tariffe cy attaché: Laquelle impoſition leſdits Bourgeois & habitans par acte du dernier Ianuier ont ſupplié ſa Majeſté leur accorder, Et ſe ſont ſoubmis & obligez ſolidai-rement faire valoir pendant leſdits trois ans ladite ſomme d'vn million cinquante cinq mil liures: Et outre, de payer les intereſts des ſommes qu'il conuient emprunter pour les aduances neceſſaires à faire ſur leſdits deniers. Et voulant ſa Majeſté que ſa volonté ſoit executée, & que ſui-uant icelle la dite ſomme & intereſts d'aduance à faire ſoit payée pun-ctuellement aux termes conuenus & accordez auec leſdits Bourgeois &

A

Habitans. SA MAIESTE' EN SON CONSEIL, Apres
auoir ouy lesdits Bourgeois & Habitans par les Sieurs Pouchet, Liesse,
Bouclon, Bulteau, Pauiot & du Hamel Commissaires deputez par sa
Majesté pour l'administration & gouuernement de la Maison de Ville
dudit Roüen, & de leur consentement, A condamné & condamne lesdits
Bourgeois & Habitans de ladite Ville de Roüen solidairement l'vn pour
l'autre, vn seul pour le tout, sans diuision ny discution, de payer ladite
somme d'vn million cinquante cinq mil liures, ensemble la somme de
trente mil liures pour les interests des aduances qu'il conuient faire sur
ladite somme, reuenant le tout à la somme d'vn million quatre-vingts
cinq mil liures, és mains de celuy, ou ceux ausquels il sera ordonné par
l'estat de distribution de ladite somme qui sera arresté au Conseil: A sçauoir, neuf vingts mil huict cens trente trois liures six sols & huict deniers
dans le premier Octobre prochain, & le surplus en dix payemens égaux
de trois mois en trois mois ensuiuans & consecutifs, chacun payement
de quatre-vingts dix mil quatre cens liures traize sols & quatre deniers,
A quoy, lesdits termes escheus, lesdits Bourgeois & Habitans seront contraints solidairement comme pour les propres deniers & affaires de sa
Majesté, Nonobstant oppositions, appellations, ou empeschemens
quelconques, desquelles si aucunes interuiennent, sa Majesté a reserué &
retenu en son Conseil la cognoissance, icelle interdicte & deffenduë à
toutes les Cours & Iuges : Et ce faisant lesdits Bourgeois & Habitans
iouyront desdites impositions & octroys, conformément ausdits Arrests,
Lettres Patentes & Tariffe, pour le temps y declaré: Commettront à la
recepte d'icelle qui bon leur semblera, & en prendront & perçeuront
les deniers, pour employer aux payemens susdits ou autrement comme
ils aduiseront bon estre : à la charge d'en compter par celuy qui sera par
eux commis à ladite Recepte, ainsi qu'il est accoustumé pour les deniers
d'octroys. Fait au Conseil d'Estat du Roy tenu à Roüen le sixiéme
iour de Féurier mil six cens quarante.

Signé,   GALLAND.

Extraict des Regiſtres du Conſeil d'Eſtat.

E Roy ayant fait Bail & adiudication des Fermes des Octroys & Aydes qui ont cy deuant appartenu à la ville de Roüen, & à preſent reünies au Domaine de ſa Majeſté, le ſixiéme du preſent mois, à Iacques Marie, pour ſix années commen-cées le premier Ianuier dernier, moyennant cent dix mil liures par chacune deſdites années, à la charge d'aduancer la ſomme de ſoixante mil liures dans la fin du preſent mois ſur la premiere année dudit Bail: Et voulant ſa Majeſté faire ſeruir ladite ad-uance, & icelle employer aux plus preſſées deſpences à faire pour la Subſiſtance de ſes Trouppes pendant le preſent quartier d'Hiuer, ſauf à reprendre ladite ſomme ſur celle d'vn million quatre-vingts cinq mil liures ordonnée eſtre payée par les Bour-geois & Habitans de ladite ville de Roüen, tant pour ce qu'ils doiuent de reſte de ladite Subſiſtance de l'année derniere, que de la preſente, que pour autres cauſes mentionnées en l'Arreſt du Conſeil du ſixiéme du preſent mois. SA MAIESTE' EN SON CONSEIL, a Ordonné & Ordonne que ledit Marie, ſes cautions & intereſſez payeront ladite ſomme de ſoixante mil liures dans la fin du preſent mois, és mains du Threſorier General de l'extraordinaire des Guerres Maiſtre Ni-colas le Page, ou de ſon Commis, ſur ce que leſdits Bourgeois & Habitans de ladite ville de Roüen doiuent de ladite ſubſi-

stance, tant de l'année derniere, que de la presente, & à ce seront
contraints par les voyes accoustumées pour les denier & affaires de sa Majesté : Et sera ladite somme de soixante mil liures
remplacée & payée és mains de celuy qui sera Commis par sa
Majesté à la Recepte des deniers desdites Fermes sur ladite somme d'vn million quatre-vingts cinq mil liures deubs par lesdits
Bourgeois & habitans aux termes à eux accordez pour le payement d'icelle : Et à cét effect sera ladite somme de soixante mil
liures employée dans l'estat des distributions qui sera arresté au
Conseil de ladite somme d'vn million quatre-vingts cinq mil
liures. FAIT au Conseil d'Estat du Roy tenu à Roüen le sixiéme iour de Féurier mil six cens quarante.

Signé,   GALLAND.

EXTRAICT DES REGISTRES DV
Conseil d'Estat.

E ROY ayant par ſes Lettres patentes en forme de Declaration du 17. Decembre dernier,
verifiées tant au Parlement que Chambre des
Comptes de Roüen, pour les cauſes y côtenuës
reüny à ſon domaine tous les deniers & reuenus
patrimoniaux, d'octroy & autres, dont joüiſſoit
l'Hoſtel commun de ladite Ville de Roüen, &
par Arreſt de ſon Conſeil du 18. Ianuier der-
nier, Ordonné que leſdits octroys & aydes qui ſe leuent ſur le Vin,
beſtiaux, marchandiſes & denrées qui appartenoient à ladite Ville,
ſeroient donnez à ferme au Conſeil pour ſix années, à commencer du
premier dudit mois de Ianuier au plus offrant & dernier encheriſſeur,
pour eſtre le prix des baux payé a qui & ainſi qu'il ſera ordonné par ſa
Majeſté, Et par autre Arreſt du 19. dudit mois, ſa Majeſté pour pouruoir aux deſpences neceſſaires à faire en ladite Ville & Fauxbourgs
de Roüen, enſemble au payement des rentes & charges aſſignées ſur
ladite Ville, Auroit ordonné que le Receueur des deniers communs
de ladite Ville en exercice l'année derniere, continueroit la Recepte
des deniers deubs des loyers & fermes des Maiſons, Boutiques, Eſchopes, Places, Halles, Moulins & autres reuenus dómaniaux & patrimoniaux de ladite année derniere & des precedentes, pour eſtre
employez auſdites deſpences, Et à cet effet, que ledit Receueur ſeroit tenu en mettre les deniers és mains du Receueur du Domaine &
autres qui ſeront commis par ſa Majeſté pour le payement deſdites
charges, rentes & deſpences, juſques à ce qu'autrement il y euſt eſté
pourueu : Et voulant faire vn bon eſtabliſſemēt pour la Recepte & dé-
pence deſdits deniers, & pouruoir à l'entretenement, reparations &
deſpences neceſſaires des Ouurages publics de ladite Ville, enſemble
au payement des rentes & charges aſſignées ſur leſdits deniers. SA
MAIESTE' EN SON CONSEIL, A ordonné & ordonne
que la Recepte des loyers, fermes & reuenus des Maiſons, Boutiques,
Eſchopes, Places, Halles, Moulins, & autres domaines patrimoniaux
qui appartenoient à ladite Ville, ſera faite & continuée à commencer
du premier iour de Ianuier dernier, ſur les Baux & marchez qui en

A

ont esté cy deuant faits, & pour le temps qui reste à expirer d'iceux, par

lequel sa Majesté à Commis à cet effect, Et apres ledit temps, que les Baux desdites Maisons, Boutiques, Eschopes, Places, Halles, Moulins & autres domaines patrimoniaux qui appartenoient à ladite Ville, seront de nouueau faits, & les fermes d'iceux adjugez en la forme ordinaire par le Lieutenant general ou Commis à l'exercice de ladite charge du Bailliage de Roüen, & les Cōmissaires deputez par sa Majesté pour le gouuernement & administratiō de l'Hostel cōmun de ladite Ville, & les deniers en prouenās receus par ledit

lesquels deniers seront par luy employez aux despences necessaires pour l'entretenemēt, reparatiōs des ouurages & necessitez publiques, ensemble au payement des rentes & charges assignées sur ladite Ville par les ordonnances desdits Commissaires, Et à cet effect, ledit Commis a ladite Recepte, sera tenu fournir de caution, & prester le serment pardeuant lesdits Lieutenant general & Cōmissaires, & de compter par estat au Conseil de la Recepte & despence des deniers de sa Commission de trois ans en trois ans, Ordonne sa Majesté que le Receueur des deniers communs de ladite Ville en exercice l'année derniere, suiuant l'Arrest du Conseil du 19. Ianuier dernier, continuëra la Recepte des deniers deubs à cause desdits domaines patrimoniaux, & escheus jusques au premier Ianuier dernier, & en fournira les deniers és mains dudit

Commis, lequel Commis fera recouurement des deniers du quartier d'Octobre dernier, des termes des octroys & aydes de ladite Ville, sur les fermiers & redeuables d'iceux, Au payement desquels seront contrainãts par les voyes accoustumées pour les deniers & affaires de sa Majesté six sepmaines apres ledit quartier escheu, Et attendu les Baux & adjudications qui se feront au Conseil, à commencer du premier Ianuier dernier desdits octroys & aydes, tous les Baux precedents qui en ont esté faits par ledit Lieutenant general, Commissaires, Escheuins de ladite Ville & autres, demeureront nuls & resolus, Faisant sa Majesté deffences aux adjudicataires & tous autres de s'en ayder, que pour le temps precedēt ledit premier Ianuier dernier. Faict au Conseil d'Estat du Roy, tenu a Roüen le premier iour de Feburier mil six cens quarante,

Signé, **G A L L A N D.**

Extraict des Regiſtres du Conſeil d'Eſtat.

V EV PAR LE ROY EN SON CONSEIL, les Requeſtes preſentées en iceluy par les Fermiers generaux & particuliers Commis aux Bureaux des droicts & impoſitions qui ſe leuent au profit de ſa Majeſté, eſtablis en la Ville de Rouen lors des émotions y ſuruenuës au mois d'Aouſt dernier, & autres auſquels les Maiſons ont eſté degradées & démolies, meubles & deniers rompus emportez & pillez par les ſeditieux, Tendantes à ce qu'il pleuſt à ſa Majeſté liquider & ordonner le rembourçement des pertes & dommages par eux ſouffertes lors deſdites émotions, contenuës es eſtatz qu'ils en ont fournis es mains du Secretaire du Conſeil, ſuiuant l'Arreſt dudit Conſeil du   iour de Ianuier dernier, portant que dás trois iours pour tous delais, ils fourniroient leſdits eſtatz audit Secretaire du Cóſeil, & dás leſquels ils n'employeroient que les pertes veritables par eux ſouffertes, à peine d'eſtre declarez décheus du rembourcement d'icelles, en cas qu'il ſe iuſtifie de faux employs eſdits eſtatz, leſdits eſtatz, les informations & procés verbaux faits par les Commiſſaires à ce deputez ſur leſdites pertes & dommages. SA MAIESTE' EN SON CONSEIL, apres auoir oüy leſdits Fermiers, Commis, & autres intereſſez auſdites pertes & dommages, & qu'ils ont juré & affirmé les eſtatz qu'ils en ont donné contenir verité, ſe ſubmettant à la perte de leur deub, & du quatruple en cas de verification

du contraire, A liquidé & arresté lesdites pertes & dommages faites par lesdits Fermiers, Commis, & autres qui ont
souffert pédant lesdites émotions, tant en deniers comptans,
meubles, que dégradations & démolitions de Maisons &
Bureaux, à la somme de quatre cens mil liures, suiuant l'estat
general qui en a esté ce jourd'huy arresté au Conseil, Laquelle somme sera payée par les habitans de ladite Ville de Roüen
aux particuliers dénommez audit estat conformément à iceluy, des deniers qui seront à cet effect leuez par lesdits habitans, soit par imposition sur eux, où sur les denrées qui se
consommeront en ladite Ville ou autrement ainsi qu'il
sera ordonné, & dans les termes qui leur seront accordez par
sa Majesté.   FAICT au Conseil d'Estat du Roy, tenu à
Roüen le premier iour de Feburier, mil six cens quarante.

Signé,   GALLAND.

EXTRAICT DES RE-
giſtres du Conſeil d'Eſtat.

E R O Y ayant ordonné qu'il ſeroit diſtribué aux plus
riches & aiſez de la Ville de Roüen la ſomme de Trente
mil liures de rente ſur les Tailles, faiſant partie de ſix
cens mil liures ordonnez aux plus riches & aiſez du
Royaume, par Arreſt du 22. Ianuier 1639. A la charge
de payer par leſdits aiſez de la Ville de Roüen, la ſomme de Quatre
cens vingt-mil liures, à laquelle reuiennent leſdits Trente mil liures
de rente au denier quatorze: Les Bourgeois & habitans de ladite ville
ſeroient compris ladite ſomme auec autres ſommes par eux deües, &
pour le tout paſſé condemnation ſolidaire de la ſomme d'vn Million
quatre-vingts cinq mil liures, payables en trois années & vnze paye-
ments, le premier deſquels eſcherra au premier Octobre prochain,
pour le remboursement de laquelle ſa Majeſté leur a accordé par Arreſt du 6. du preſent mois la leuée & impoſition pendant leſdites trois
ans, des droicts ſur les denrées & marchandiſes qui ſe conſommeront
dans ladite Ville, Fauxbourgs & Banlieüe d'icelle, contenuë en la
tariffe arreſtée au Conſeil ledit iour, Au moyen dequoy leſdits Bourgeois & habitans acquitteront leſdits Trente mil liures de rente,
pour en joüir en commun & en eſtre les arrerages & joüiſſance receus
par les gouuerneurs & adminiſtrateurs de ladite Ville, & employez
à deſpences communes & neceſſaires pour la Ville: Et d'autant que
le payement du principal deſdits Trente mil liures de rente, ne ſe fait
par leſdits habitans que pendant leſdits trois ans & à pluſieurs termes,
eſt neceſſaire de regler la joüiſſance & les arrerages deſdites rentes
qu'ils auront à perçeuoir pendant leſdits trois ans, à quoy voulant

A

pouruoir : SA MAIESTE' EN SON CONSEIL, A ORDONNE' ET ORDONNE, Que le fonds defdits Trente mil liures de rente fera faict & laiffé à l'aduenir chacune année, à commencer du premier iour de Ianuier dernier, fur les deniers des Tailles de l'Efle-ction de Roüen, & employé és Eftatz qui en feront arreftez & ex-pediez auec les autres charges de ladite Eflection, Pour eftre les ar-rerages defdits Trente mil liures payez par chacune defdites trois an-nées, moitié és mains de Maiftre François Petit commis à la Recepte des deniers de ladite conftitution ou du porteur de fes quittances & contracts de conftitution defdits Trente mil liures de rente, & l'au-tre moitié és mains defdits Commiffaires au gouuernement & admi-niftration de l'Hoftel commun de ladite Ville, fur leurs fimples quit-tances, & en vertu du prefent Arreft: Seront à ce faire les Receueurs des Tailles de ladite Eflection, chacun en l'année de leur exercice, contrains de payer les arrerages dudit Fonds, qui leur fera à cet effet laiffé, & apres lefdits trois ans, & que ladite fomme de Quatre cens vingt mil liures aura efté entierement acquitée, lefdits Commiffaires au gouuernement & adminiftration de ladite Ville, iouyront feuls defdits Trente mil liures en vertu des contracts qui leur en feront deliurez, & en receuront entierement le Fonds des mains defdits Receueurs des Tailles. FAICT AV CONSEIL D'ESTAT DV ROY tenu à Roüen le fixiefme iour de Feburier mil fix cens quarante.

    Signé,   GALLAND.

Extraict des Regiſtres du Conſeil d'Eſtat.

L E ROY eſtant en ſon Conſeil, bien informé que depuis les émotions arriuées en ſa Ville de Roüen, pluſieurs des habitans d'icelle qui eſtoient autheurs & complices de la rebellion, ſe ſont abſentez pour éuiter la peine & le chaſtiement que meritoit vn crime ſi deteſtable, Et d'autant qu'il n'eſt pas juſte qu'vn tel crime demeure impuny, au contraire qu'il doit eſtre chaſtié ſeuerement, afin qu'à l'aduenir l'exemple de la ſeuerité retienne ceux qui auroient volonté de s'eſloigner de leur deuoir. SA MAIESTE' eſtant en ſon Conſeil. A ordonné & ordonne qu'inceſſamment apres la publication du preſent Arreſt, les Capitaines, Lieutenans & Centeniers de ladite Ville de Roüen, feront exacte perquiſition & recherche chacun en leur quartier de ceux qui ſe ſont abſentez depuis ledit temps, dont ils feront leurs procez verbaux, qu'ils remettront dans quatre iours entre les mains de Monſieur le Chancelier, Enjoinct ſadite Majeſté à tous les Bourgeois de ladite ville de quelque qualité & condition qu'ils ſoient, d'apporter dans quatre jours auſdits Capitaines, Lieutenans, Enſeignes & Centeniers, les noms de ceux qui eſtoient demeurans chez eux, & qui ſe ſont retirez depuis

A

ledit temps, autrement & à faute de ce faire dans ledit temps
& iceluy passé, il sera procedé contre eux comme complices
des crimes de ceux qui se sont retirez de leurs Maisons, &
absentez de ladicte ville. FAICT au Conseil d'Estat du
Roy sa Majesté y estant, tenu à sainct Germain en Laye, le
cinquiéme iour de Ianuier mil six cens quarante.

Signé,   PHELYPEAVX.

*LEcture & publication du contenu cy dessus, a esté faite par mon
Sergent Royal sous signé, ce iourd'huy sixiéme de Ianuier mil
six cens quarante, à son de Trompe & cry public, par les Carfours
de ceste ville, à ce qu'aucune personne n'en pretende cause d'ignorance, Presence de Guillaume Grenet commis du Trompette Royal.*

Signé,   *L A I G L E.*

Extraict des Regiſtres du Conſeil d'Eſtat.

LE ROY voulant pouruoir au repos & tranquilité de ſa Ville de Roüen, & y faire viure les habitans d'icelle ſes ſujects en vne bonne vnion & intelligence, deuement aduerty que les mots de Monnopolliers, Gabelleurs & Maltortiers qui ſe proferent par aucuns mauuais ſprits & perturbateurs du repos public, excitent le peuple à ſedition & émotion. SA MAIESTE' EN SON CONSEIL: A faict tres-expreſſes deffences à peine de la vie, à tous les habitans de ladite Ville de Roüen, & autres de quelque qualité & condition qu'ils ſoient, d'vſer & proferer à l'aduenir leſdits mots de Monnopolliers, Gabelleurs, Maltottiers, & autres excitant à ſedition & émotion. Ordonne & enjoinct tres expreſſ ment à tous ſes Iuges, Magiſtrats & Officiers de ladite Ville, d'informer exactement contre les contreuenans, & iceux faire appreſ hender & punir ſeuerement, à peine d'en reſpondre en leurs propres & priuez noms, & le preſent Arreſt ſera leu

A

& affiché en ladite Ville & Fauxbourgs d'icelle. Faict au Conseil d'Estat du Roy, tenu à Roüen, le septiéme de Ianuier, mil six cens quarante.

Signé,   GALLAND.

LEcture & publication du contenu cy dessus, a esté faicte par moy Sergent Royal sous signé, ce iourd'huy septiéme iour de Ianuier mil six cens quarante, à son de Trompe & cry public, par les Carfours de cette Ville & Fauxbourgs d'icelle, à ce qu'aucune personne n'en pretende cause d'ignorance. Presence de Guillaume Grenet commis du Trompette Royal.

Signé,   L'AIGLE.

LOVIS PAR LA GRACE DE DIEV ROY DE FRANCE ET DE NAVARRE, A tous ceux qui ces presentes Lettres verront, Salut. Les émotions qui sont arriuées en noſtre Prouince de Normandie, nous ayans obligé d'enuoyer le Sieur Gaſſion Mareſchal de Camp en nos Armées, auec des trouppes d'Infanterie & de Caualerie, pour reſtablir par nos Armes noſtre Auctorité, & contenir par la force en noſtre obeïſſance ceux de nos ſubjects, qui ne pouuoient y eſtre retenus par les vrays reſpects & obligations enuers leur Prince, ſa conduite a eſté ſi prudente & ſi genereuſe, qu'en peu de temps il a diſſipé toute la faction qui s'eſtoit formée, obligé ceux qui auoient pris les armes contre noſtre ſeruice de ſe retirer hors noſtre Royaume, pour éuiter la punition & le chaſtiment qu'vn ſi énorme crime pouuoit meriter; & enfin apres auoir fait chaſtier ceux qui auoient eſté ſi temeraires d'attendre nos armes, il a diſſipé toutes les aſſemblées de nos ſubjects, qui pouſſez de paſſion & de fureur ou de mauuais conſeil, s'eſtoient ſoubſtraits de noſtre obeïſſance, Et d'autant qu'il eſt de la bonté & prudence d'vn bon Prince, non ſeulement de faire punir les crimes de ſes mauuais ſubjects, mais de pouruoir à l'aduenir par de bons reglemens qu'ils ne tombent en pareille faute & ne ſe tirent de l'obeïſſance. A CES CAVSES,

A

iugeans que toutes ces rebellions ne feroient pas venuës au
poinct où on les a veuës dans ladite Prouince, fans la conniuence ou foibleffe de ceux qui ont l'auctorité & le pouuoir de
les empefcher, qui ne s'y font pas oppofez auec la vigueur & le
courage que requeroit noftre feruice, & qu'ils eftoient obligez de faire ayans noftre auctorité, Nous auons eftimé qu'il
n'y auoit point de moyen plus affeuré pour retenir nos fubjets
dans la legitime obeïffance qu'ils nous doiuent, & les deftour-
ner de fe porter à l'aduenir dans la rebellion , que de rendre
les Magiftrats, Officiers, & ceux qui ont charge dans les Villes, refponfables des émotions qui y furuiendront, s'ils ne iuftifient auoir apporté le foin & la vigilance qu'ils doiuent en
leurs charges pour les reprimer. Et pour la campagne, d'obliger les Gentils-hommes chacun en l'eftenduë de leurs terres
de contenir nos fubjects dans l'obeïffance, & les empefcher de
faire aucunes affemblées contre noftre feruice , ce qui leur eft
ayfé, veu le pouuoir qu'ils prennent ordinairement fur leurs
tenanciers, aufquels ils font bien executer leurs volontez lors
qu'il s'agift de leur intereft particulier. S ç A V O I R faifons,
qu'apres auoir mis cette affaire en deliberation en noftre Confeil, où eftoient noftre tres-cher & tres-amé Frere vnique le
Duc d'Orleans, autres Princes, & les principaux Officiers de
noftre Couronne. D E l'aduis de noftredit Confeil , & de
noftre certaine fcience, plaine puiffance & auctorité royale,
Nous auons dit & declaré, difons & declarons, voulons &
nous plaift, Que cy apres les Gentils-hommes de noftre Prouince de Normandie ayent à empefcher qu'aucunes affemblées ne fe faffent en l'eftenduë de leurs terres , à peine en
cas qu'il arriue quelque fouflcuement contre noftre feruice
en l'eftenduë de leurfdites terres, d'en refpondre en leurs propres & priuez noms comme complices , s'ils ne iuftifient y

auoir fait tout leur deuoir, & y auoir apporté tout le foin, la vigilance & la force qu'ils font obligez pour l'execution de nos commandemens : Et quant aux Magiftrats, Officiers, & autres qui ont charge dans les Villes, Nous leur enjoignons de ne permettre qu'à l'aduenir le commun peuple ayt aucunes armes, voulons qu'ils ayent à le defarmer, & mettre les armes dans vn lieu feur pour s'en feruir lors qu'ils le iugeront neceffaire pour le bien de noftre feruice : Leur commandons de s'oppofer auec le courage & la force qu'ils doiuent & font obligez ayans noftre auctorité pour reprimer les émotions fi aucunes furuiennent dans les Villes où ils font refidens, autrement & à faute d'executer cettuy noftre commandement, voulons qu'ils foient refponfables des rebellions qui arriueront, en leurs propres & priuez noms, & qu'il foit procedé contre eux comme complices, en cas qu'ils ne iuftifient auoir fait leur deuoir pour retenir nos fubjects dans noftre obeiffance. Si DONNONS-en Mandement à nos amez & feaux les Confeillers d'Eftat & Maiftres des Requeftes ordinaires de noftre Hoftel tenans noftre Cour de Parlement à Roüen, de faire enregiftrer & publier nos prefentes Lettres de Declaration, & le contenu en icelles faire garder & obferuer ponctuellement, & à la diligence de noftre amé & feal Confeiller le fieur Bofquet, par nous commis pour faire la charge de noftre Procureur general audit Parlement ; les enuoyer en tous les Bailliages & autres Iurifdictions de noftredite Prouince de Normandie, & icelles faire publier en toutes nos Villes dudit Pays à fon de Trompe & cry public, à la diligence de nos Procureurs dans lefdits Sieges, mefmes aux Profnes des parroiffes par les Curez, afin que perfonne n'en pretende caufe d'ignorance, Enjoignons à nofdits Procureurs qu'vn mois apres que noftredite Declaration leur aura esté enuoyée, ils certifient nostre cher & feal Chancelier de la diligence qu'ils auront faite pour ladite publication, à peine d'en respondre en leurs propres & priuez noms : Voulons qu'aux copies de cettedite presente, collationnées par l'vn de nos amez & feaux Conseillers & Secretaires, ou par deux Notaires Royaux, foy soit adjoustée comme à l'original, CAR tel est nostre plaisir : En tesmoin dequoy nous y auons fait mettre nostre seel. DONNE' à Sainct Germain en Laye le huictiéme iour du mois de Ianuier, l'an de grace mil six cens quarante. Et de nostre regne le trentiéme. Signé, LOVIS. Et sur le reply, PAR LE ROY. PHELYPEAVX. Et scellé sur double queuë d'vn grand scel en cire jaulne.

Leuës, publiées & registrées, Oy & ce requerant du Bosquet pour le Procureur General du Roy, pour estre gardées & obseruées selon leur forme & teneur, Et que les coppies deuëment collationnées seront enuoyées par les Bailliages & Vicomtez de ce Ressort, pour y pareillement leuës, publiées & registrées, gardées & obseruées : Et enjoint aux Officiers d'y tenir la main, & aux Substituts dudit Procureur General de faire proceder aux publications portées par icelles, & de certifier Monsieur le Chancelier & les Commissaires deputez par sa Majesté, de la diligence qu'ils en auront faicte au mois, suiuant l'Arrest de ce iour. A Roüen en Parlement le dixiéme Ianuier mil six cens quarante. Signé, *VAIGNON.*

Extraict des Regiſtres du Conſeil d'Eſtat.

V EV par le Roy en ſon Conſeil, les informations faites pour raiſon des ſeditions arriuées en la Ville de Roüen, les quatre, vingt & vn, vingt deux, & vingt troiſiéme d'Aouſt dernier : Les decrets de priſe de corps decernez par les Conſeillers Commiſſaires deputez par la Cour de Parlement de Roüen, dés vingt ſixiéme Septembre & ſixiéme Octobre dernier. Autres decrets de priſe de corps decernez par les Commiſſaires deputez par ſa Majeſté par Arreſt du ſixiéme Nouembre dernier, dés deux, trois, & dixiéme du preſent mois de Ianuier. Procez verbaux de perquiſitions dés trois, ſept & neufiéme Ianuier audit an, Oy le Rapport des Commiſſaires à ce deputez, & tout conſideré. LE ROY EN SON CONSEIL, A ordonné & ordonne, que les nommez Caillot cy deuant Capitaine d'vne compagnie de Bourgeois en la Ville de Roüen, Iean ſeruiteur d'vn nommé le Coq maiſtre Cartier demeurant rüe des Cordeliers, Le ſeruiteur de Patry auſſi maiſtre Cartier, Nicolas ſeruiteur de Maiſtre Arondel Aduocat, André ſeruiteur du ſieur de la Bucaille, Touſſaints Couuent faiſeur de boucles à baudriers, Michel Deſhays paſſementier, Nicolas Larminier ſellier, Louys Mallet roüettier, Charles de la Mare, Berthelemy Riuiere tondeur, vn grand homme foſſoyeur de ſainct Maclou, Charles Bazon

A

tauernier & marchand de fildres , Iean Noel courtier & interprete des Flamens, Marie Maffe femme d'vn nommé Fouquet,
Iulian Philippes, Le petit Iacques chargeur, Guillaume le Blond,
Pierre porteur de foin, Guillaume Guyot dit patta , autrement
le prebiftre manouurier de Sotteuille, Louys Berenger fauatier
demeurant au Fauxbourg S. Seuer, Gallet crieur de vieils drapeaux, Iean & Yfac de Longuemare freres marchands de cheuaux, Robert du Bofc fils de Robert du Bofc l'aifné plaftrier,
Bertran le Carpentier plaftrier , Simon Caillou manouurier,
Louys Boquet Iardinier, Iean de la Motte maffon & tauernier,
Nicolas Beaurepaire dit blanchet, Noel Benard compagnon
jardinier, Iaques Brebion jardinier, Marin Dubofc laboureur,
fa femme & fon valet, Le Pauaix, fa femme & fon fils, Clement
François cornetier, Marin Regnault, Louys Malherbe fils tonnelier, Michel Langloys caftelongnier dit le compere de Mon-
fieur de Villars, Pierre Godes charbonnier, Eftienne Dubofc
fauatier, Iaques le Rat, Vaftine fils d'vn vendeur de biere, Caron
fils d'vn charon, Iean Regnault & Romain Ouuail battelier
demeurans hors le Pont, Charles de Moüy fieur de Richebourg
fon valet de chambre nommé petit Iean, fon laquais, François
Forment fils d'vn patenoftrier en boys, Les furnommez Cou-
uert, tifferen & Gaillard Ioüeur de Violon, Seront adjournez à
fon de Trompe & cry public par trois iours confecutifs aux Carfours & lieux publics accouftumez de la Ville de Roüen, A comparoir trois jours apres pour toutes prefixions & delais , à la
barre de la Salle du Palais par deuant les Commiffaires deputez
par fa Majefté pour tenir la Cour de Parlement de Roüen pour
efter à droit, Et à faute de comparoir dans ledit temps, les tefmoins oys efdites informations, feront recolez en leurs depofitions, pour le recolement valoir de confrontation à l'efgard des
defaillans, & le procez ainfi fait, Iugé ainfi qu'il appartiendra

par raiſon. FAICT au Conſeil d'Eſtat du Roy, tenu à Roüen, le quatorziéme iour de Ianuier, mil ſix cens quarante.

Signé, GALLAND.

RICHARD Thorel Huiſſier du Roy audiencier, Priſeur, Vendeur de biens meubles au Bailliage & Siege Preſidial de Roüen, Certifie que ce   iour de Ianuier mil ſix cens qua‑ rante, En vertu de l'Arreſt cy deſſus, ie me ſuis exprés tranſporté par les Carfours & places publiques de ceſtedite ville, où eſtant, & à chacun d'iceux i'ay fait lecture à ſon de Trompe & cry public du contenu en iceluy, Et les dénommez au dit Arreſt, adjournez à comparoir trois iours apres la publication des preſentes, qui ſera faite par trois iours conſecutifs, qui ſera Lundy prochain pour toute prefixion & delay à la barre de la Saſle du Palais, par deuät Meſſieurs les Commiſſaires deputez par ſa Maieſté pour tenir la Cour de Parlement de Roüen, pour eſter en droict, Et à faute de comparoir dans ledit temps, les teſmoins ouys eſdites informa‑ tions, ſeront recolez en leurs dépoſitions, pour le recolement valoir de confrontation à l'égard des defaillans, & le procez ainſi fait, Iugé ainſi qu'il appartiendra par raiſon. Preſence de pluſieurs perſonnes en grand nombre, & de Guillaume Grenet Commis du Trompette ordinaire.

Signé, THOREL, & GRENET.

DECLARATION DV ROY,

auec le Roolle de ceux qui se sont absentez depuis les dernieres Emotions.

LOVIS PAR LA GRACE DE DIEV Roy de France et de Navarre, A tous ceux qui ces presentes Lettres verront Salut. Sur les aduis que nous aurions eu que depuis les émotions arriuées en nostre ville de Roüen, plusieurs des habitans qui auoient trempé dans la sedition, & en estoient mesme les principaux aucteurs, s'estoient absentez pour éuiter la punition de leur crime, nous aurions par Arrest par nous donné en nostre Conseil d'Estat, Ordonné aux Capitaines, Lieutenans, Enseignes & Centeniers de ladite Ville, de faire perquisition exacte chacun en leur quartier, de ceux qui s'estoient retirez depuis la sedition, & d'en faire leurs procés verbaux, qu'ils remettroient entre les mains de nostre trescher & feal Chancelier, pour ce faict y estre pourueu ainsi que nous jugerions le mieux pour le bien de nostre seruice, à quoy lesdits officiers ayans obey, & donné les rooles de ceux qu'ils ont estimé estre sortis de ladite Ville se sentans coupables de la sedition, Et comme il est important que leur crime ne demeure pas impuny par leur fuite, & que la dissimulation aussi ne les rende plus hardis à entreprendre pareilles actions, Nous auons iugé qu'il estoit necessaire de les empescher de rentrer en nostredite Ville de Roüen, ny mesmes en nostre Prouince de Normandie, de crainte que reuenans auec le mesme esprit de sedition, ils ne troublent le repos que nous y auös

estably pour le bien de nos subjects. A CES CAVSES,
apres auoir mis cette affaire en deliberation en nostre Conseil,
De l'aduis d'iceluy, & de nostre certaine science, plaine puissance & auctorité royale, A v o n s dict & declaré, disons &
declarons, voulons & nous plaist, Que tous ceux qui se sont
absentez de nostre ville de Roüen depuis lesdites émotions, &
qui sont compris au roole cy attaché soubs le contrescel de nostre Chancelerie, ne puissent à perpetuité rentrer en nostredite Ville de Roüen, ny en nostre Prouince de Normandie ; ce
que nous leur defendons tres-expressément à peine de la vie,
& voulons qu'en cas qu'ils soient trouuez en ladite Prouince,
ou en ladite ville apres la publication des presentes, qu'ils soiét
punis par nos officiers, cóme rebelles & desobeïssans à nos có-
mandemens, defendós pareillemét à tous nos subjets de ladite
Prouince, & particulieremét de nostredite ville, de les receuoir
en leurs Maisons, à peine d'estre declarez cóplices de leurs crimes, & punis des mesmes peines, Et afin que l'on ayt cognoissance de ceux qui se sont absentez, Nous ordónons que copies
collationnées dudit roole soient mises aux Greffes de chacun
Bailliage & autres Iurisdictions de nostredite Prouince, Mesmes que copie en soit baillée par les Greffiers desdits Bailliages
& autres Iurisdictions aux Capitaines & autres officiers de nos
Villes, & aux Iurez de chacun des corps de mestiers, afin qu'ils
n'en pretendent cause d'ignorance. S i D o n n o n s en
Mandement à nos amez & feaux les Conseillers en nostre Có-
seil d'Estat, & Maistres des Requestes ordinaires de nostre hostel, commis pour tenir nostre Cour de Parlement à Roüen,
& à tous les Baillifs de nostredite Prouince, leurs Lieutenans,
& tous autres nos Officiers, Iusticiers des Iurisdictions & Iu-
stices d'icelle Prouince, chacun en son ressort, de faire enregi-
strer nos presentes Lettres de Declaration, icelles faire publier

à son de Trompe & cry public, mesmes afficher ou besoin sera,
le tout à la diligence de nostre Procureur General en nostredite Cour, & de nos Procureurs esdits Bailliages & autres Iu-
stices & Iurisdictions, & le côtenu en icelles faire garder, obseruer &entretenir selon leur forme & teneur, sans souffrir qu'il y
soit contreuenu, CAR TEL est nostre plaisir, En tesmoing dequoy nous auons faict mettre nostre scel à cesdites presentes.
DONNE' à Saint Germain en Laye le vingt-deuxiesme iour
de Ianuier l'an de grace mil six cens quarante, Et de nostre
Regne le trentiesme. Signé, LOVIS. Et sur le reply,
PAR LE ROY. PHELYPEAVX. Et scellé sur
double queuë du grand sceau auec vn contrescel de cire jaune,
Et à costé sur ledit reply.

*Leuës, publiées & regiſtrées és regiſtres du Greffe de la Cour, oy & ce
requerãt Bosquet pour le Procureur General du Roy, pour eſtre gardées, obſeruées & entretenuës selon leur forme & teneur, Et ordõné
que copies collatiõnées tant des preſentes que du roole y attaché, ſerõt
enuoyées par les Bailliages & Vicomtez de ce reſſort, pour y eſtre
pareillement leuës, publieés & regiſtrées, gardées, obſeruées & entretenuës, Enjoinct aux Subſtituts dudit Procureur General en faire
faire les publications & tenir la main à l'execution, & certifier les
Commiſſaires deputez par ſa Maieſté pour tenir ſon Parlement à
à Roüen, de la diligence qu'ils en auront faite au mois, à peine de ſuſ-
penſion de leurs charges. Fait en Parlement le vingt-quatrieſme
Ianuier mil six cens quarante. Signé, VAIGNON.*

Roolle des personnes qui se sont ab-
sentées de la Ville de Roüen, dont ont esté faicts procés

verbaux par les Capitaines des Quartiers de ladite Ville, qui ont esté mis és mains de Monseigneur le Chancelier, suiuant l'Arrest du Conseil du iour de

PREMIEREMENT.

Quartier de la grande ruë des Augustins.

Nicolas Gaillard.
Robert du Buisson
François Guerrard.

Quartier de Beauuoisine, Saint Patrice.

Iacques Brebion.

Saint Pierre l'Honoré.

Ionas Busquet.
François le François.
Pierre Delacour.
Berthelemy le Blanc.

Saincte Croix des Pelletiers.

Iean Simon.
Louys le Halleur.
Pierre du Fay.

Quartier de Cauchoise. Saint Michel.

Henry Narboñ.

Saint Sauueur.

Louys Bidault.
Mathurin Messier.
Gilles le Maistre.

Saint Pierre le Portier.

Pierre Deshayes.

Saint Vigor.

Iean Dault.
Nicolas Coffru.
Robert le Tellier.
Charles Hennequiau.
Claude le Forestier.
Iean le Halleur.
Thomas Thiroüin.
Iacques Poret.

Saincte Marie la Petite.

Iean Pigache.
Michel le Doux.

Quartier de Martainuille.

Pierre Claftor.
Anthoine de la Houffaye.
Iacques du Boys.
Iean Romain.
Jean Lamy.
Robert Happedé.
Guillaume du Bofc.
Nicolas Buquet.
Pierre de la Morgue.
Iean le Cartier.
Eftienne Bayeul.
Iacques Riuiere.
Iean Viuard.
Nicolas Regnaud.
Iulian le Vigneron.
Nicolas Alais.
François Cuat.
Adrian Defmois.
Anthoine le Caffier.
Pierre Geuffray.
Guillaume Hedoüin.
Robert le Roy.
Huberd Admée.
Richard Gueroult.
Michel Lairé.
François le Cordier.

Macé Robillet.
Louys le Cordier.
René Olliuier.
Romain Langlois.
Gilles le Halleur.
Enoc Marié.
Pierre Gueroult.
Iean Guerard.
Pierre Pernelle.
François Toultain.
Iean Martin.

Quartier de Cauchoife, S. Iean.

Guillaume de Brins.
Dauid Cauf.
Samuel Dufay.
Nicolas du Val.
Robert Loure.
Guillaume Le Peuple.
Iean Denis.
Pierre Varin.
Pafquier Auber.
Iean de la Los.
Iean le Mafurier.
Robert Hebert.
Charles le Blond.
Roger Desgeneftes.
Iean Paumier.
François Clicquet.
Iean le Tingault.
Iacques le Seigneur.
Michel Perfon.

Pierre Gillos.

Quartier de Martainuille.

Nicolas le Mercier.
Marin Courant.
Iean Anfrie.
Iean Gaillard.
Daniel Bureau.
Cesar de Queuilly.
Iacques Ferrand.
Nicolas Doucet.
Guillaume le Vilain.
Martin Terrien.
Charles Riquier.
Paul Huaut.
Iean Huré.
François Mouchard.
Iean Petit.
François Pennier.

Quartier de Saint Hylaire.

Pancrace le Pesant.
Iean le Beuf.
Pierre Samson.
Claude Lafeüillée.
Gilles Douchin.
Louys Patenoſtre.
Charles Guillebert.
Michel Langlois.
Richard Criquet.

Iean Billard.
Guillaume Ancel.
Hector le Vilain.
Pierre le Maire.
François le Bouuier.
Gaspar le Cat.
Iacques Salomon.
Nicolas le Gros.
Claude le Gros.
Martin de la Ruë.
Louys de la Ruë & ſon fils.
Iacques Auuray.
Iacques le Bis.
Nicolas Lengeigneur.
Vincent le Mercier.
Guillaume le Brun.
Gallet Peu.
Iacques Euldes.
Iean de la Haye.
Michel Goutier.
Martin Cordonnier.
Iean le Gros.
Pierre le Boucher.
Iacques Anquetil, dit Balta-
Iacob Deshayes.   (zar.
Pierre Boucher.
Abraham Lerable.
Gallien le Pelletier.
Guillaume Catteuille.
Guillaume Eſuin.

Le nommé Picard.
Iean le Creux.
Dauid le Marchant.
Claude Vesche.

Parroisse Saint Maclou.
Iean Canu.
Estienne Toustain.
Nicolas Greue.
Iacques Picard.

Ruë de la grosse Bouteille.
Geoffray Panier.
Iean le Cartier.
Pierre Daubin.
Estienne Bayeux.

Parroisse S. André le Vieil.
Pierre Ferron.
Daniel Bureau.

Derriere le Cimetiere Saint Maclou.
Robert Reuel.
Estienne Heude.
Robert Verdier.
Renoul Hurtaud.
Abraham Baudry.
Michel Porcher.
Iean Plet.

Ruë du Figuier.
Paul Huault.
Iean Harnois.
Iean Heudes.

Nicolas Doulche.
Guillaume le Vilain.
Martin Terrier.
Olliuier Patin.
Robert Reuel.
Nicolas Oüin.

Parroisse Saint Godard.

Pierre Durant.

Saincte Croix Saint Oüen.

Iacques Geraud.
Iean Dauremesnil.
Romain de la Haye.
Daniel le Ber.
Iacques du May.
Louys Fossé.
Nicolas du Busc.
Martin Iullien.
Estienne Loysel.
Iacques Chouquet.
François le Normant.
Vn nommé Thomas.
Pierre fils d'vn porteur ou Mesureur de Sel.
Louys le Maistre.
Thomas le Tondu.
Leonaud le Cocher.

Parroisse Saint Laurens.
Claude du Ponteaudemer.

Parroiſſe Saint Martin.

Pierre Hebert.	Nicolas Maupas.
Guillaume Badu.	Philipes Aunay.
Iean Pouy.	Fiacre Courtilley.
Martin Godin.	Nicolas le Marchand.
Pierre Vatier.	Iean Dener.

EXTRAICT & collationné ſur leſdits procés verbaux du commandement de Monſeigneur le Chancelier, Par moy Conſeiller Secretaire du Roy Maiſon Couronne de France & de ſes Finances ſoubs-ſigné, leſquels ſont demeurez és mains de Mondit Seigneur. Signé, SAVLGER.

Collationné aux Originaux par moy Conſeiller Secretaire du Roy, Maiſon Couronne de France & de ſes Finances.

OVIS par la grace de Dieu, Roy de France & de Nauarre : Au premier des Huiſſiers de noſtre Cour de Parlement, autre Huiſſier ou Sergent ſur ce requis. VEV
par les Commiſſaires par nous deputez pour tenir noſtre
Cour de Parlement de Normandie , les informations
faites pour raiſon des ſeditions arriuées en noſtre Ville
e Roüen les 4. 21. 22. & 23. Aouſt dernier, les decrets de priſe de
orps decernez par les Conſeillers Commiſſaires deputez par noſtre
Cour de Parlement de Roüen, des 26. Septembre & ſixiéme Octobre
ernier, Autres decrets de priſe corps decernez par les Commiſſai-
es par nous deputez par Arreſt du 16. Nouembre dernier, des 2. 3.
 ſixiéme du preſent mois , Contre Barthelemy Riuiere, Iean ſerui-
ur du nommé le Coq maiſtre Cartier, le ſeruiteur de Patry maiſtre
Cartier, Pierre porteur de foing, Nicolas Beaurepaire dit Blanchet,
Michel Deshayes paſſementier , Nicolas Lerminier ſellier , Charles
Delamare, Louys Malherbe fils tonnelier, Iean Noel courtier & interprete des Flamens, Iulian Philippes , le petit Iacques chargeur,
Guillaume le Blond , Pierre Herſe foſſoyeur de Saint Maclou , Iean
egnault & Romain Oüail batteliers demeurans hors le Pont, Michel
anglois caſtelonnier demeurant à la Mareſquerie , la Vaſtine fils de
Nicolas la Vaſtine vendeur de biere demeurant ruë des Mattelas,
ſtienne Duboſc ſauatier demeurant ruë Saint Hylaire , François
ouſtain, peigneur de laynes , Philippes Forment fils de Nicolas
orment patenoſtrier de la parroiſſe Saint Viuian , Pierre Godes
arbonnier demeurant ruë du Figuier , Iacques le Rat carleur de-
eurant à la noble Ruë parroiſſe Saint Viuian, Guillaume Guyot dit
atta , autrement le prebſtre manouurier de Sotteuille , Bertrand
 Carpentier plaſtrier demeurant audit lieu, Iean de la Mothe
uernier & maſſon demeurant audit lieu , Gallet pere crieur de
eux drapeaux , Clement François cornetier , Marie Macé fem-
e de Pierre Fouques, vne grande femme nommée gueule de ſabot,
ierre Iean dit cuuert, autrement le Dieppois tiſſerent en ſarge, Char-

A

les Bazou tauernier, Robert Dubofc fils de Robert Dubofc l'aifné plaftrier demeurant à Sotteuille, Iean & Yfac de Longuemare freres, marchands de cheuaux demeurans audit lieu, le valet de Marin Dubofc, Guillaume Foüage paueur demeurant au fauxbourg de Bouuereul, Caron fils d'vn charon demeurant deuant le Cimetiere de ceux de la Religion pretenduë reformée, & Louys Beranger fauatier demeurãt au fauxbourg S. Seuer, Procés verbaux des perquifitions des perfonnes defdits accufez, Arreft de noftre Confeil du 14.du prefent mois,par lequel auroit efté ordõné que lefdits accufez feroiët adjournez à fon de Trompe & cry public, par trois iours confecutifs aux carfours & lieux publics accouftumez de noftre ville de Roüen, à cõparoir trois iours apres pour tous delais à la Salle du Palais pour efter à droit,& à faute de comparoir dans ledit temps,que les Tefmoins oys efdites informations, feroient recolez en leurs depofitions, pour le recolement valoir confrontation à l'efgard des defaillans, & le procés fait, Iugé ainfi qu'il appartiendra par raifon : Procés verbaux de publications à baon faites en execution dudit Arreft des 17. 18. & 19. du prefent mois, Defauts à baon obtenus contre lefdits accufez par noftre Procureur General le 24. dudit mois, Recolemens faits des Tefmoins oys efdites informations,pour valoir confrontation contre lefdits accufez, Conclufions de noftre Procureur General', & tout confideré, LESDITS COMMISSAIRES ont declaré & declarent lefdits defauts & cõtumaces bien & deuëmët obtenus, pour le profit d'iceux, & pour les cas refultans du procés; Ont condamné & condamnent lefdits Barthelemy Riuiere, Nicolas Beaurepaire dit Blanchet, les nommez Pierre porteur de foing, Iean feruiteur du nõmé le Coq maiftre Cartier, & le feruiteur de Patry auffi maiftre Cartier, Eftre rompus vifs fur vn efchaffault qui pour ce fera dreffé en la place du vieil-Marché,& leurs corps mis fur vne roüe pour y finir leurs iours : Et lefdits Michel Deshayes, Nicolas Lerminier, Charles Delamare, Louys Malherbe, Iean Noel, Iulian Philippes, le petit Iacques, Guillaume le Blond, Pierre Herfe, Iean Regnault, Romain Oüail, Michel Langlois, Eftienne Dubofc, François Touftain, Philippes Forment, Pierre Godes, Iacques le Rat, Guillaume Guyot, Bertrand le Carpentier, Iean de la Mothe, & le nommé la Vaftine, Eftre pendus & eftranglez en vne potence qui pour ce fera dreffée en ladite place du vieil-Marché fi pris & apprehendez peuuent eftre,

finon par Effigie en vn Tableau attaché à ladite potence, & declaré
leurs biens à nous acquis & confifquez, Et ont lefdits Commiffaires
banny & banniffent à perpetuité de noftre Prouince de Normandie
lefdits Clement François, Gallet pere, Pierre Iean dit cuuert, Charles Bazon, Robert Dubofc, Louys Bofquet, Simon Caillou, Iean &
Yfac de Longuemare, Guillaume Foüage, le valet de Marin Dubofc,
Louys Beranger, le nommé Caron, Marie Macé, & la nómée gueule
de fabot, à eux enjoinct de garder leur baon à peine de la vie;
POVR CE EST-IL, que nous te mandons le prefent Arreft cy deffus
contenu mettre à deüe & entiere execution felon fa forme & teneur,
faifant tous exploicts & affignations à ce requis & neceffaires, DE
CE FAIRE te donnons plaine puiffance & auctorité, Mandons &
commandons à tous nos Iufticiers, Officiers & fubjects à toy en ce faifant obeyr. DONNE' à Roüen deuant lefdits Sieurs Commiffaires par nous deputez pour tenir noftredit Parlement de Normandie, le
vingt-huictiefme iour de Ianuier, l'an de grace mil fix cens quarante,
& de noftre regne le trentiefme. Et plus bas, PAR LESDITS
SIEVRS COMMISSAIRES. Signé, LE TELLIER.
Et feellé fur fimple queuë en cire jaune, auec vn contrefeel en marge.

Le quatriéme iour de Feburier mil fix cens quarante, par Maiftre
Louys de Bourey principal Commis au Greffe Criminel de la Cour
de Parlement de Roüen, à efté fait lecture du prefent Arreft dans
la Cour du Palais & place du vieil-Marché de cette ville, & le
contenu en iceluy executé par l'Executeur des fentences Criminelles
en ladite place du vieil-Marché, en la prefence dudit de Bourey,
du fieur Preuoft de Lifle & fes Archers.

Signé,   *DE BOVREY.*

EXTRAICT DES REGISTRES
du Conseil d'Eſtat.

VEV par le Roy en ſon Conſeil, l'Arreſt donné par les Commiſſaires deputez par ſa Majeſté pour tenir ſa Cour de Parlement de Normandie, le vingt-huicttieſme Ianuier dernier
par defaut & contumace, Contre Charles de
Moüy eſcuyer ſieur de Richebourg, ſon Valet de chambre nommé petit Iean, & ſon Laquais, André
Allain, & Nicolas Quittebœuf, Touſſaincts Couuent faiſeur
de boucles à baudrier, & Louys Mallet boucher, par lequel
ils ont eſté bannis à perpetuité de la Prouince de Normandie;
& à eux enjoinct de garder leur ban à peine de la vie, ledit de
Moüy condamné en ſix mil liures d'amende, & outre rendre
la ſomme de quarante trois mil liures, Et ledit petit Iean
ſon valet de chambre & ſon Laquais, Allain Quittebœuf,
Couuent & Mallet rendre chacun d'eux la ſomme de quatre
cens cinquante liures, Leſquelles ſommes ſeront par eux
payées & miſes és mains du Greffier dudit Conſeil, à quoy
faire ils ſeront contraincts par toutes voyes deües & raiſon-
nables, meſmes par empriſonnement de leurs perſonnes, Et
ordonné que la ſomme de deux mil ſept cens quarante-huict
liures, enſemble ce qui ſera payé par ledit petit Iean, le Laquais, Quittebœuf, Allain, Couuent & Mallet, ſera déduit
audit de Moüy ſur ladite ſomme de quarante-trois mil liures.
Autre Arreſt donné par leſdits Commiſſaires ledit iour, auſſi
par defaut & contumace, Par lequel Barthelemy Riuiere,
Nicolas Beaurepaire dit Blanchet, les nommez Pierre porteur

de foing, Iean feruiteur du nommé le Coq maiftre Cartier,
& le feruiteur de Patry auſſi maiftre Cartier, font condamnez
à eftre rompus vifs, Michel Deshayes paffementier, Nicolas
Lerminier fellier, Charles Delamare, Louys Malherbe fils
tónelier, Iean Noel courtier & interprete des Flamens, Iulian
Philippes, le petit Iacques chargeur, Guillaume le Blond,
Pierre Hercé foffoyeur de Saint Maclou, Iean Regnault &
Romain Oüail, batteliers demeurans hors le Pont, Michel
Langlois caftelonnier demeurant à la Marefquerie, Eftienne
Dubofc fauetier demeurant ruë Saint Hylaire, François
Touftain, paigneur de laine, Philippes Forment fils de Ni-
colas Forment, patenoftrier, de la parroiffe Saint Viuian,
Pierre Godes charbónier demeurant ruë du Figuier, Iacques
le Rat carleur demeurát à la noble ruë parroiffe Saint Viuian,
Guillaume Guyot dit pata autremét le prebſtre, de Sotteuille,
Bertrand le Carpentier, plaſtrier demeurant audit lieu, Iean
de la Motte tauernier & maçon dudit lieu de Sotteuille, & le
nommé la Vaſtine, fils de Nicolas la Vaſtine, vendeur de biere, demeurát ruë des Mattelas, Sont condamnez à eftre pendus fi pris & apprehendez peuuent eftre, finon par Effigie, &
leurs biens declarez acquis & confifquez au Roy. Et outre
les nómez Clement François Cornetier, Gallet Pere, Pierre
Iean dict Cuuert, autrement le Diepois tifferend en Serges,
Charles Razon tauernier, Robert Dubofc, fils de Robert
Dubofc l'aifné plaſtrier, Louys Bofquet jardinier, Simon
Caillou, manouurier de Sotteuille, Iean & Yfac de Longuemare, fieres, marchands de cheuaux demeurans audit lieu,
Guillaume Foüage, paueur demeurant au fauxbourg de Bouuereul, Le valet de Marin Dubofc, Louys Beranger, fauetier
demeurant au fauxbourg Saint Seuer, le nommé Caron, fils

d'vn charon, Marie Macé, femme de Pierre Fouques, & la
nommée gueulle de ſabot, Sont bannis à perpetuité de ladite Prouince de Normandie ; & à eux enjoinct de garder leur
ban à peine de la vie. LE ROY EN SON CON-
SEIL, A ordonne et ordonne que leſdits
Arreſts ſeront executez ſelon leur forme & teneur, Enjoinct
au Bailly de Roüen, ſes Lieutenás, Preuoſts des Mareſchaux,
Viſbaillifs, & tous autres Officiers de la Prouince de Normandie, de tenir la main à l'execution d'iceux : & de faire
conduire és Priſons du fort Leueſque de la Ville de Paris ceux
deſdits condamnez qui ſeront par eux arreſtez. A faict &
faict, ſa Majeſté, inhibitions & deffences à tous les habitans
de la Ville de Roüen & autres ſes ſubjects de ladite Prouince,
de leur donner retraicte à peine de la vie ; Et à cette fin à ordonné & ordóne que les Capitaines, Lieutenans & Enſeignes
de ladite Ville de Roüen ſeront tenus faire de deux mois en
deux mois recherche & perquiſitió d'iceux chacun dans leurs
quartiers, & en mettre leurs procés verbaux au Greffe du
Bailliage de ladite ville à peine d'en reſpódre en leurs propres
& priuez noms, Sauf à ceux deſdits condamnez qui ſe voudront repreſenter dans le temps porté par les ordonnances,
de ſe rendre en eſtat dans leſdites Priſons du fort Leueſque, &
ſe retirer par deuers ſa Majeſté pour leur eſtre pourueu de Iuges ainſi qu'elle verra eſtre a faire par raiſon : Faict ſadite Majeſté tres-expreſſes inhibitions & deffences à tous Iuges &
Officiers d'en prendre aucune cour, Iuriſdiction ny cognoiſſance à peine de nullité & de caſſation de procedures, Et ſera
le preſent Arreſt leu & publié à ſon de Trompe & cry public,
& affiché par les Carfours & places publiques de la Ville de
Roüen, & des autres Villes de ladite Prouince de Norman-

dic. FAICT au Conseil d'Estat du Roy, tenu à Roüen le premier iour de Feburier mil six cens quarante.

Signé,   GALLAND.

LOVIS par la grace de Dieu, Roy de France & de Nauarre, Aux Bailly de Roüen ou ses Lieutenans, Preuosts des Mareschaux, Visbaillifs, & tous autres Officiers de la Prouince de Normandie, Salut. Nous vous mandons & enioignons par ces presentes, que l'Arrest cy attaché sous le contresel de nostre Chancellerie ce iourd'huy dôné en nostre Conseil d'Estat, Vous ayez à faire lire & publier à son de Trompe & cry public, iceluy afficher par les Carfours & places publiques de ladite Ville, & des autres Villes de ladite Prouince : Et outre ayez à tenir la main à ce que ledit Arrest & ceux des Commissaires deputez pour tenir nostre Parlement audit Roüen du 28. Ianuier dernier y énoncez, soient executez selon leur forme & teneur, allencontre des denômez en iceux, & autres qu'il appartiêdra, ce faisant, faire côduire aux Prisons du Fortleuesque de nostre Ville de Paris ceux des condânez qu'aurez fait arrester. De ce faire vous donnons pouuoir, Commission & Mandement special. Commandons au premier nostre Huissier ou sergent sur ce requis, faire en vertu desdits Arrests toutes significations, publications, affiches, mesmes les tres-expresses inhibitions & deffences portées par celuy cy attaché sur les peines y côtenuës, & pour leur entiere execution & de vos ordonnances, toutes autres significations, assignations, cômandemens, contrainctes, emprisonnemens, saisies, deffences, actes & exploicts requis & necessaires, sans demander autre congé nepermission, Nonobstant Clameur de Haro, Chartre Normande, prise a partie, lettres & choses à ce contraires, Et sera adjousté foy comme aux originaux aux copies dudit Arrest & des presentes collationnées par l'vn de nos amez & feaux Conseillers & Secretaires, CAR tel est nostre plaisir. DONNE' a Roüen le premier iour de Feurier, l'an de grace mil six cens quarante. Et de nostre Regne le trentieme. Signé, GALLAND. Et seellé sur simple queuë du grand sceau de cire jaune.

EXTRAICT DES REGISTRES
DV CONSEIL D'ESTAT.

E ROY ayant par Arreſt de ſon Conſeil du 23. Decembre dernier, ordonné que les Officiers des Eſlections de la Prouince de Normandie deputeroient deux d'entr'eux, trois iours apres la ſignification d'iceluy, pour comparoir au Conſeil pendant le ſejour qu'il fera en la ville de Roüen, & y rendre compte de l'exercice de leurs charges pendant les années 1635. 1636. 1637. 1638. & 1639. Et enjoint aux Receueurs des Tailles, du Taillon, des droicts alienez, & autres Commis à la recepte des deniers impoſez eſdites années, d'y apporter ou enuoyer leurs Regiſtres & acquits, auec les eſtatz par le menu des reſtes qu'ils pretendent eſtre deubs par les Parroiſſes : Et bien que leſdits Officiers ayent deu ſatisfaire audit Arreſt, Neantmoins la plus grande partie n'ont comparu ny enuoyé leſdits Regiſtres & eſtatz, ſous pretexte qu'ils n'ont la liberté, & qu'il y a diuerſes contraintes par corps decernées contr'eux, tant pour le payement de Taxes qu'ils doiuent, que de pluſieurs autres parties aſſignées ſur leſdits deniers de leurs charges: A quoy eſtant neceſſaire de pouruoir, & faire promptement executer l'intention de ſa Majeſté, qui eſt de cognoiſtre l'eſtat de la Prouince, & les Villes, Bourgs & Parroiſſes en demeure de payer. SA MAIESTE' en ſon Conſeil, a accordé & accorde auſdits Officiers des Eſlections qui ſeront deputez en conſequence dudit Arreſt du 23. Decembre dernier; Et aux Receueurs des Tailles, du Taillon, & autres Commis à la recepte des deniers impoſez eſdites années, Sauf-conduit pour le voyage qu'ils feront des Villes de leurs Eſlections en la ville de Roüen, huict iours de ſejour en icelle, & leur retour. Pendant leſquels voyage, ſejour & retour, toutes contraintes par corps, pour quelque cauſe & occaſion que ce ſoit, ſurſeoirront contre leſdits Officiers deputez, Receueurs & Commis, auſquels ſa Majeſté enjoint tres expreſſément de ſatisfaire audit Arreſt du 23. Decembre, à peine contre les deffaillans d'eſtre contraints ſolidairement au payement des reſtes deubs deſdites impoſitions des années dernieres, ſans eſperance d'en eſtre deſchargez. ORDONNE aux Receueurs generaux des Finances, du Taillon, des Ponts & Chauſſées, des Rentes, & autres, de decerner leurs contraintes contre leſdits Officiers, Receueurs & Commis deffaillans ſolidairement, pour ce qui eſt deub eſdites Eſlections des deniers de leurs charges deſdites années, & les faire executer, Nonobſtant oppoſitions, appellations, & tous empeſchemens quelſconques. Faict au Conſeil d'Eſtat du Roy, tenu à Roüen le quatorzieſme iour de Ianuier mil ſix cens quarante.

Signé,   GALLAND.

LOVIS par la grace de Dieu Roy de France & de Nauarre; Au premier noſtre Huiſſier ou Sergent ſur ce requis, Salut. Nous te mandons, commandons, & tres-expreſſément enjoignons par ces preſentes, Que l'Arreſt ce jourd'huy donné en noſtre Conſeil d'Eſtat, dont l'extraict eſt cy-attaché ſous le contreſcel de noſtre Chancelerie, Tu ſignifie à tous qu'il appartiendra, à ce qu'ils n'en pretendent cauſe d'ignorance, & ayent à y obeyr : Et pour l'entiere execution d'iceluy, faits tous actes & exploicts neceſſaires, ſans demander autre aucune permiſſion, viſa ne pareatis, & ſera adjouſté foy comme aux originaux aux coppies dudit Arreſt & des preſentes collationnées par l'vn ce nos amez & feaux Conſeillers & Secretaires, CAR tel eſt noſtre plaiſir. Donné à Roüen le quatorzieſme iour de Ianuier, l'an de grace mil ſix cens quarante. Et de noſtre Regne le trentiéme. PAR LE ROY EN SON CONSEIL. Signé, GALLAND. Et ſcellé ſur ſimple queuë du grand ſceau de cire jaulne.

Collationné aux originaux par moy Conſeiller Secretaire du Roy & de ſes Finances.

Extraict des Regiſtres du Conſeil d'Eſtat.

LE Roy voulant que tous les Bureaux des droicts de ſa Majeſté qui ont eſté forcez & pillez lors des eſmotions arriuées en la ville de Roüen & leſquels ont eſté transferez en la Ville du Pont de l'Arche & ailleurs ſoient reſtablis en ladite ville és meſmes maiſons, lieux & endroits où ils eſtoient auparauant leſdites eſmotions, SA MAIESTE' EN SON CONSEIL a ordonné & ordonne que tous leſdits Bureaux des droicts & affaires de ſa Majeſté ſeront reſtablis en ladite ville de Roüen, és maiſons, lieux & endroicts où ils eſtoient auparauant leſdites eſmotions, & à cet effect que leſdites maiſons & lieux leur ſeront rendus libres par ceux qui les occupent à preſent, leſquels ſeront contraints par corps d'en deſloger, vingt-quatre heures apres la ſignification du preſent Arreſt, & rendre eſdites maiſons lieux & endroits place nette, & outre ledit delay paſſé, ſeront les meubles de ceux qui occupent leſdites maiſons & lieux, mis ſur le paué, Faict au Conſeil d'Eſtat du Roy tenu à Roüen le troiſieſme iour de Ianuier mil ſix cens quarante.

Signé   GALLAND.

LOVIS PAR LA GRACE DE DIEV ROY DE FRANCE ET DE NAVARRE. A Nos Amez & Feaux Conſeillers en noſtre Conſeil d'Eſtat

A

& maiſtres des Requeſtes ordinaires de noſtre Hoſtel, eſtans en noſtre ville de Roüen prés de noſtre tres cher & feal le Sieur Seguier Cheualier, Chancelier de Fráce, Salut, par l'Arreſt de noſtredit Conſeil d'Eſtat ce iour-d'huy donné, nous auons ordonné que tous les Bureaux de nos droicts & affaires cy deuant eſtablis en noſtredite ville de Roüen & leſquels ont eſté rõpus, forçez & pillez lors des eſmotions populaires arriuées en icelle ville, ſeroient reſtablis és maiſons. lieux & endroicts où ils eſtoient, & à ceſt effect, que leſdites maiſons & lieux ſeroient rendus libres par ceux qui les occuppent, A ces cauſes, nous vous mandons & à chacun de vous qui ſerez à ce commis & deputez par ledit Sieur Chancelier de France, ordonnons de vous tranſporter eſdites maiſons, lieux & endroits où leſdits Bureaux eſtoient eſtablis, les y reſtablir conformement à noſtredit Arreſt, & ce faiſant remettre dans leſdits Bureaux les Fermiers de noſdits droicts, Receueurs & autres chargez de nos affaires, leurs Procureurs & commis, & les rendre libres poſſeſſeurs deſdites maiſons, lieux & endroits, & pour leur ſeureté & libre perception des deniers de leurſdites fermes & affaires, les mettrez en la protection & ſauuegarde des Capitaines, Lieutenans, Enſeignes & autres notables Bourgeois des quartiers où leſdits Bureaux ſeront par vous reſtablis, leur enioignant d'y tenir la main, & donner toute ſeureté, protection & main forte en cas de beſoing, lors toutesfois & quantes que requis en ſeront, à peine d'en reſpondre en leurs propres & priuez noms, leur declarant chacun à leur eſgard en cas que leſdits Fermiers, Receueurs & autres chargez de nos affaires, leurs

Procureurs & Commis, soient opprimez, inquiettez ou molestez par rebellion, esmotion ou autrement par les peuples & habitans de ladite ville, que nous entendons qu'il soit pour raison procedé directement & extraordinairement à l'encontre d'eux & qu'ils soient punis selon les crimes qui pourront estre commis esdites rebellions & esmotions, & de tout dresserez vos procez verbaux, lesquels remettrez és mains dudit Sieur Chancelier de France : De ce faire vous donnons pouuoir, Commandons au premier nostre Huissier ou Sergent sur ce requis de faire pour l'entiere execution dudit Arrest & des presentes, tous exploits, sommations, commandemens, deffences & autres actes necessaires, sans pour ce demander aucune permission ny pareatis, & nonobstant clameur de Haro & Chartre Normande, & sera foy adioustée aux Coppies collationnées dudit Arrest & des presentes par l'vn de nos Amez & Feaux Conseillers & Secretaires comme aux originaux. Car tel est nostre plaisir. Donné à Roüen le troisiesme iour de Ianuier l'an de Grace, mil six cens quarante, & de nostre Regne le trentiesme. Par le Roy en son Conseil Signé Galland, & scellé du grand Sceau de cire jaulne.

Collationné aux Originaux par moy Conseiller Secretaire du Roy & de ses Finances.

EXTRAICT DES REGISTRES

DV CONSEIL D'ESTAT.

E ROY ayant par Arreſt de ſon Conſeil du troiſieſme du preſent mois, ordonné que tous les Bureaux des fermes, droicts & affaires de ſa Majeſté, forcez, pillez ou qui ſe ſeroient retirez de la ville de Roüen lors des émotions populaires arriuées au mois d'Aouſt dernier, ſeroient reſtablis és Maiſons, lieux, & endroits où ils eſtoient auparauant leſdites émotions, Et pour cet effect commis & deputé des ſieurs Conſeillers en ſon Conſeil d'Eſtat & Maiſtres des Requeſtes ordinaires de ſon Hoſtel, leſquels auroient en conſequence procedé audit eſtabliſſement, & ne reſte à preſent que de cognoiſtre au vray les pertes & dommages ſoufferts par leſdits Fermiers, Commis & autres qui eſtoient prepoſez pour tenir leſdits Bureaux & agir eſdites fermes, recouurements & eſtabliſſement des droicts & affaires de ſa Majeſté, ſur les eſtatz qui en doiuent eſtre par eux donnez, & les informations qui en ſeront rapportées, pour y eſtre pourueu ainſi qu'il appartiendra par raiſon, leſquels eſtatz leſdits Fermiers, Commis & autres pretendans leſdites pertes different de fournir, ou les donnent, & y employent des ſommes ſi exceſſiues, ſans en rapporter les preuues valables : Qu'il eſt tres-difficile d'y pouruoir, qu'apres vne ample information & entiere cognoiſſance deſdites pertes, ce qui pourroit prendre vn long train, & retarder le ſeruice de ſa Majeſté : A quoy eſtant neceſſaire de pouruoir & accelerer les affaires de sa Majesté. LE ROY EN SON CONSEIL, a ordonné & ordonne, Que dans trois iours pour toutes prefixions & delais, du iour de la signification qui sera faite du present Arrest ausdits Bureaux, lesdits Fermiers, Commis & autres pretendans pertes & dommages à cause desdites émotions, fourniront les estatz de leurs pretenduës pertes & dommages, és mains du Secretaire du Conseil, & ledit delay passé, n'y seront plus receus, & demeureront décheus de leurs pretentions. Comme aussi en cas qu'ils employent dans leurs estatz autre chose que ce qu'ils ont effectiuement perdu esdites émotions & souffert à cause d'icelles, & que par les informations qui seront faites & rapportées, il se iustifie du faux employ qu'ils pourroient faire ausdits estatz, Sa Majesté les a semblablement declarez priuez & décheus de leurs pretentions. Faict au Conseil d'Estat du Roy, tenu à Roüen le quatorziesme iour de Ianuier, mil six cens quarante. Signé, GALLAND.

EXTRAICT DES REGISTRES
du Conseil d'Estat.

S VR CE QVI A ESTE' REpreſenté au Roy en ſon Conſeil, par Maiſtre Iean de la Guillaumye Commis par ſa Majeſté , pour faire l'eſtabliſſement & fonction des Offices de Controlleurs des Teintures de la Prouince de Normandie creez par l'Edict du mois de May dernier, que par Arreſt du Conſeil du vingtieſme des preſents mois & an , donné par formede Reglement & és interpretations dudit Edict, Sadite Majeſté auroit entr'autres choſes ordonné que les Viſites chez les Marchans ſe feront en la preſence d'vn Preud'homme que ſa Majeſté commettroit pour cét effect en chacune Ville où leſdits Offices ſeront eſtablis,afin qu'elles ſe faſſent auec plus de ſincerité ce qui neátmoins apporteroit de grands frais à ſa Majeſté qui s'eſt chargée du payement deſdits Preud'hommes, & de grandes difficultez & longueurs audit eſtabliſſement, d'autant que leſdits Marchands pourroient auoir quelque deſfiance des perſonnes qui ſeroient ainſi nommées, & que leſdites Viſites ſe feront en diuers lieux à meſme temps, meſmes qu'il eſt neceſſaire d'expliquer & eſclaircir les termes dudit Edict, en ce qui regarde les droicts qui doiuent eſtre payez pour les Eſtoffes de couleur de bure & meſlangees, dont la laine a eſté miſe en teinture auparauant que leſdites Eſtoffes en ayent eſté façonnées, attendu que ſous pretexte que ce mot de Bure a eſté employé en l'article des legeres Eſtoffes qui ne doiuent payer que ſix deniers pour aulne,

A

lefdits marchands & autres y veulent comprendre les draps de Hollande, d'Angleterre, de Berry, du Sceau, Darneftal & autres pareilles fortes d'eftoffes qui font de ladite couleur de bure, ou meflangées, ce qui feroit contre l'intention de fadite Majefté, qui dans ledit Article n'a entendu parler que des moindres bures dont ont accouftumé d'vfer & fe feruir les gens de baffe condition, ayant dans les autres articles dudit Edict comprins lefdites eftoffes, comme eftans de grand prix & plus confiderables, Supliant auffi fadite Majefté de vouloir declarer fon intention fur les eftoffes eftrangeres, comme Crezez, Baguettes & Frizes d'Angleterre, dont lefdits marchands ne pretendent payer lefdits droicts de Controlle que fur le mefme pied de celles de pareil nom & qualité qui fe fabriquent en ce Royaume, combien que lefdites marchandifes foient apportées des pays eftrangers, & les droicts d'icelles ayent efté reglez par ledit Edict. Veu ledit Edict, ledit Arreft portant Reglement du vingtiefme du prefent mois, la Requefte des maiftres Gardes de la grande Drapperie de la Ville de Roüen, tendant à ce que deffences foient faictes aufdits Commis d'exiger d'eux plus grande fomme que celles reglees par lefdits Edict & Arreft. Le Roy en son Conseil a ordonné & ordonne que ledit Arreft du Confeil du vingtiefme du prefent mois fera executé, gardé & obferué, & ce faifant, que lefdits marchans Teinturiers, Drappiers & autres payeront les droicts portez par iceluy, mefmes les fix deniers pour aulne des bures meflangees & autres dont les laines ont efté ou feront teintes ou paffees en teintures auant que d'eftre façonnées, fans que pour raifon d'icelles, ledit Controlleur ou fes Commis puiffent prendre, ny exiger plus grand droict, finon en cas que lefdites bures &

Draps meſlangez ſoyent Draps de Hollande, d'Eſpagne ou
d'Angleterre, leſquels ſuiuans ledit Edict payeront trois
ſols pour aulne, comme auſſi les Ratines, Frizes, Baguettes,
Crezez & autres de pareilles fabriques eſtrangeres payeront deux ſols pour aulne ſuiuant ledit Edict, & celles de
Beauuais & autres façonnées en France, ſix deniers pour
aulne. Faict au Conſeil d'Eſtat du Roy, tenu à Roüen le
vingt huictieſme iour de Ianuier mil ſix cens quarante.
Signé   GALLAND.

LOVIS PAR LA GRACE DE DIEV ROY DE
FRANCE ET DE NAVARRE, Au premier des
Huiſſiers de nos Conſeils ou autre noſtre Huiſſier ou Sergent ſur ce requis, Salut, Nous vous mandons & commandons que l'Arreſt, dont l'extraict eſt cy attaché ſous le contreſeel de noſtre Chancellerie, ce iourd'huy donné en noſtre Conſeil d'Eſtat, ſur ce qui a eſté repreſenté en iceluy
par Maiſtre Iean de la Guillaumye par Nous Commis pour
faire l'eſtabliſſement & fonction des Offices de Controlleurs des Teintures de la Prouince de Normandie, creez par
l'Edict du mois de may dernier, Vous ayez à ſignifier auſdits
Commis & autres qu'il appartiendra, à ce qu'ils n'en pretendent cauſe d'ignorance, leur faiſant de par Nous deffences de prendre plus grands droicts pour les eſtoffes y
mentionnées, que ceux portez par ledit Arreſt, à peine de
tous deſpens, dommages & intereſts, & au ſurplus pour
l'entiere execution d'iceluy & d'autre Arreſt y enoncé à la
requeſte des maiſtres & gardes de la grande Drapperie de
Roüen, toutes autres ſignifications, deffences, actes &
exploicts requis & neceſſaires, ſans demander autre congé

ne permiſſion. CAR TEL eſt noſtre plaiſir, nonobſtant clameur de Haro, Chartre Normande, priſe à partie & Lettres à ce contraires. DONNE' à Roüen le
vingt-huictieſme iour de Ianuier l'an de grace mil ſix
cens quarante, Et de noſtre Regne le trentieſme. PAR
LE ROY en ſon Conſeil, Signé, GALLAND. Et
ſcellé du grand ſceau de cire jaune.

DE PAR LE ROY.

OVS Lieutenant General au Bailliage de Roüen, Faisons
sçauoir à tous bourgeois & habitans de cette ville de Roüen,
suiuant les ordres qui nous en ont esté donnez par Monsieur
de Gassion Mareschal de Camp és Armées du Roy, Que sa
Majesté laisse aux choix desdits Bourgeois & habitans de
nourrir les gens de pied qui sont logez chez eux, de leurs viures ordinaires,
ou de bailler six sols par iour, auec les vstenciles à chaque Soldat à pied, &
au Caualier trente sols. Sera la presente Ordonnance leuë, publiée & affichée par les Carfours & autres lieux publics, à ce qu'aucun n'en pretende
cause d'ignorance. Faict à Roüen le dernier iour de Decembre, mil six cens
trente-neuf.   Signé,   GODART.

DE PAR LE ROY.

EFENSES sont faites à toutes sortes d'habitans de quelque
qualité & condition qu'ils soient, de marcher par les ruës de
cette ville de Roüen sans lumiere apres huict heures du soir,
ny mesmes auec lumiere apres dix heures aussi de soir, pour
quelque cause & sous quelque pretexte que ce soit, à peine contre les contreuenans pour la premiere fois, de cent liures d'amende, pour laquelle ils
seront constituez prisonniers, & pour la seconde d'estre procedé contre
eux comme contre perturbateurs de la tranquillité publique. Et pour cet
effet enioint aux Curez & Tresoriers des Parroisses de cettedite Ville, de
faire sonner la grosse Cloche de leur Parroisse à neuf heures du soir, pour
faire ladite retraitte. Faict par nous Lieutenant General au Bailliage de
Roüen, suiuant l'ordre à nous donné par Monsieur de Gassion, Mareschal de Camp aux Armées du Roy. Sera la presente Ordonnance leuë,
publiée & affichée aux Carfours & autres lieux publics de cette ville de

Roüen, à ce qu'aucun n'en pretende cause d'ignorance, le premier iour de Ianuier mil six cens quarante.   Signé,   GODART.

LA presente Ordonnance a esté leuë par nous Nicolas le François & Ionas le Blanc, Sergens Royaux au Bailliage & Vicomté de Roüen, l'an & iour que dessus. Presence de Guillaume Grenet, Commis du Trompette ordinaire de cettedite ville.

Signé, LE FRANCOIS. LE BLANC. & GRENET.

DE PAR LE ROY.

VR ce qui a esté representé à Monsieur de Gassion, Mareschal de Camp és Armées du Roy, par plusieurs des Bourgeois & habitans de cette ville de Roüen, Qu'ayant laissé à leur choix de nourrir les gens de Cheual & de pied de leur viures ordinaires, ou de payer trente sols à chaque Caualier, & six sols à chaque Soldat à pied, auec les vstenciles, il se pourroit commettre beaucoup de desordres contre son intention, s'il ne luy plaisoit declarer quelle somme payeront lesdits habitans qui ne voudront fournir lesdites vstenciles en essence. MONDIT sieur de Gassion nous a donné ordre de faire publier que tous Bourgeois & habitans estoient deschargez des vstenciles, en payant au lieu d'iceux à chaque Caualier quatre sols, & à chaque homme de pied dix-huict deniers. Faict par nous Lieutenant General au Bailliage de Roüen, le troisiesme iour de Ianuier mil six cens quarante.   Signé,   GODART.

DE PAR LE ROY.

SA Majesté ayant veu l'Ordonnance du dernier Decembre mil six cens trente neuf, publiée à son de Trompe & cry public par la ville de Roüen, suiuant les ordres donnez au Lieutenant General de ladite Ville par le sieur Gassion Mareschal de Camp des Armées de sa Majesté, Portant qu'il seroit au choix des Bourgeois de ladite Ville de nourrir les Gens de guerre tant de pied que de cheual logez chez eux, où de donner à chacun Soldat à pied six sols, auec les vstencilles, & à chacun Caualier trente sols. Autre Ordonnance publiée le troisiéme du present mois, portant descharge ausdits Bourgeois de fournir lesdits vstencilles, en payant ausdits Soldats à pied logez chez eux vn sol six deniers par iour, & aux Caualiers quatre sols. SA MAIESTE' desirant que lesdites Ordonnances & Reglemens soiét exactement obseruez, & qu'il n'y soit point contreuenu par lesdits Gens de guerres: Et voulant pouruoir aux plaintes qui luy ont esté faites par les Bourgeois de ladite Ville, que plusieurs desdits Gens de guerre tant de pied que de cheual logez chez eux, les contraignent de faire de grandes despences pour leur nourriture, ne se contentans pas du payement de la taxe faite par lesdites Ordonnances, vsans de menaces & de mauuais traitemens à l'encontre d'eux, lors qu'ils ne veulent pas satisfaire à ce qu'ils leur demandent. A ORDONNE & ordonne que lesdites Ordonnances & Reglemens seront exactement obseruez. Faict tres expresses inhibitions & deffences ausdits Gens de guerre tant de pied que de cheual d'y con-

A

treuenir à peine de la vie: Enjoinct aux Chefs & Officiers des
Regiments & Compagnies de Caualerie d'y tenir la main, à
peine de respondre des contrauentions qui y seront faites en
leurs propres & priuez noms. Et d'autant que sa Majesté est
bien aduertie que lesdits Gens de guerre tant de pied que de
cheual, commettent plusieurs insolences par les ruës & dans les
Maisons où ils sont logez, & à la Campagne, contre son intention, Elle enjoinct ausdits Gens de guerre tant de pied que de
cheual, de se contenir dans l'ordre & la discipline militaire, sans
entreprendre de faire aucune injure aux Bourgeois & habitans
de ladite Ville, n'y d'arrester les denrées, viures & marchandi-
ses arriuans en icelle, sous les peines portées par les Ordonnances militaires, & plus grandes s'il y eschet. ORDONNE
sa Majesté à tous les Chefs, Officiers desdits Gens de guerre de
tenir la main à ce que la presente Ordonnance soit exactement
obseruée, à peine d'en respondre en leurs propres & priuez
noms, Et en cas de contrauention, sadite Majesté permet ausdits Bourgeois d'en donner aduis à son Conseil, pour y estre
pourueu ainsi qu'il iugera estre à faire par raison. FAICT à S.
Germain en Laye, le 5. iour de Ianuier mil six cens quarante.
Signé, LOVIS. Et plus bas, PHELYPEAVX.

Lecture & publication du contenu en l'Ordonnance de sa Majesté,
a esté faite par nous Benjamain l'Aigle & Dauid Viuier, Sergens
Royaux, Priseurs, Vendeurs de biens meubles & namps au Bailliage
Siege Presidial & Vicomté de Roüen, à son de Trompe & cry public
par les Carfours & lieux accoustumez en cestedite ville, à ce qu'au-
cune personne n'en pretende cause d'ignorance, ce iourd'huy cinquiéme
Ianuier mil six cens quarante. Presence de plusieurs personnes en grand
nombre, & de Guillaume Grenet, Commis du Trompette Royal en
cestedite ville.

Signé,   L'AIGLE   &   VIVYER.

Extraict des Regiſtres du Conſeil d'Eſtat.

E Roy voulant faire obſeruer par les trouppes tant d'Infanterie que Cauallerie, logées dans la ville & fauxbourgs de Roüen, Les ordonnances & reglements faits par ſa Majeſté, ſur les ordres & diſciplines militaires, Enſemble les bans & deffences publiées depuis leur logement en ladite ville, A ORDONNE´ & ordonne que par les Maiſtres des Requeſtes ordinaires de ſon Hoſtel, eſtant pres Monſieur le Chancelier, qui ſeront à cét effect commis & depurez en chacun des quartiers de ladite ville, il ſera inceſſamment informé des exactions, violences & exceds commis par leſdites trouppes dans ladite ville & fauxbourgs de Roüen, contre & au preiudice deſdites ordonnances, reglemens, bans & deffences, & procedé contre les coulpables extraordinairement par les voyes portées par leſdites ordonnances : ENIOINT ſa Majeſté à tous les bourgeois & habitans de ladite ville & fauxbourgs de donner leurs plaintes eſdits Commiſſaires, & leur adminiſtrer preuue deſdites exactions, exceds &violences, pour ſur le tout eſtre pourueu ainſi qu'il appartiendra : FAICT au Conſeil d'Eſtat du Roy, tenu à Roüen, le 5. iour de Ianuier mil ſix cens quarante.

Signé,   GALLAND.

MESSIERRS LES MAISTRES DES

Requestes ordinaires de l'Hostel du Roy cy apres nommez, sont par nous Commis pour la police, & pour faire viure les Gens de Guerre qui sont dans la Ville de Roüen, suiuant les reglemens, publiez. SÇAVOIR,

Au quartier de Martainuille.

MESSIEVRS,

De Montescot.
D'Aubray.
De Here.

Au quartier de Cauchoise.

De la Berchere.
Marescot.

Au quartier de Beauuoisine.

De la Ferté.
Vignier.
Du Til.

Au quartier de Sainct Hilaire.

De Vertamont.
Sainct Jouin.

FAICT à Roüen, le   iour de Ianuier 1640. Signé, SEGVIER. Et plus bas, Par Monseigneur, CEBERET.

DE PAR LE ROY.

NOVS Lieutenant General au Bailliage de Roüen, Faiſons ſçauoir à tous bourgeois & habitans de cette ville de Roüen, ſuiuant les ordres qui nous en ont eſté donnez par Monſieur de Gaſſion Mareſchal de Camp és Armées du Roy, Que ſa Majeſté laiſſe aux choix deſdits Bourgeois & habitans de nourrir les gens de pied qui ſont logez chez eux, de leurs viures ordinaires, ou de bailler ſix ſols par iour, auec les vſtenciles à chaque Soldat à pied, & au Caualier trente ſols. Sera la preſente Ordonnance leuë, publiée & affichée par les Carfours & autres lieux publics, à ce qu'aucun n'en pretende cauſe d'ignorance. Faict à Roüen le dernier iour de Decembre, mil ſix cens trente-neuf.　　　Signé,　　　GODART.

DE PAR LE ROY.

DEFENSES ſont faites à toutes ſortes d'habitans de quelque qualité & condition qu'ils ſoient, de marcher par les ruës de cette ville de Roüen ſans lumiere apres huict heures du ſoir, ny meſmes auec lumiere apres dix heures auſſi de ſoir, pour quelque cauſe & ſous quelque pretexte que ce ſoit, à peine contre les contreuenans pour la premiere fois, de cent liures d'amende, pour laquelle ils ſeront conſtituez priſonniers, & pour la ſeconde d'eſtre procedé contre eux comme contre perturbateurs de la tranquillité publique. Et pour cet effet enjoint aux Curez & Treſoriers des Parroiſſes de cettedite Ville, de faire ſonner la groſſe Cloche de leur Parroiſſe à neuf heures du ſoir, pour faire ladite retraitte. Faict par nous Lieutenant General au Bailliage de Roüen, ſuiuant l'ordre à nous donné par Monſieur de Gaſſion, Mareſchal de Camp aux Armées du Roy. Sera la preſente Ordonnance leuë, publiée & affichée aux Carfours & autres lieux publics de cette ville de

Roüen, à ce qu'aucun n'en pretende cause d'ignorance, le premier iour de Ianuier mil six cens quarante.   Signé,   GODART.

A presente Ordonnance a esté leuë par nous Nicolas le François & Ionas le Blanc, Sergens Royaux au Bailliage & Vicomté de Roüen, l'an & iour que dessus. Presence de Guillaume Grenet, Commis du Trompette ordinaire de cettedite ville.

Signé, LE FRANCOIS. LE BLANC. & GRENET.

DE PAR LE ROY.

VR ce qui a esté representé à Monsieur de Gassion, Mareschal de Camp és Armées du Roy, par plusieurs des Bourgeois & habitans de cette ville de Roüen, Qu'ayant laissé à leur choix de nourrir les gens de Cheual & de pied de leur viures ordinaires, ou de payer trente sols à chaque Caualier, & six sols à chaque Soldat à pied, auec les vstenciles, il se pourroit commettre beaucoup de desordres contre son intention, s'il ne luy plaisoit declarer quelle somme payeront lesdits habitans qui ne voudront fournir lesdites vstenciles en essence. MONDIT sieur de Gassion nous a donné ordre de faire publier que tous Bourgeois & habitans estoient deschargez des vstenciles, en payant au lieu d'iceux à chaque Caualier quatre sols, & à chaque homme de pied dix-huict deniers. Faict par nous Lieutenant General au Bailliage de Roüen, le troisiesme iour de Ianuier mil six cens quarante.   Signé,   GODART.

E R O Y voulant apporter vn bon ordre en fa Ville de Roüen, pour preuenir & empefcher à l'aduenir, qu'il y arriue émotion ou fedition, au prejudice de fon feruice, du repos & feureté de fes bons & fideles fubjects, bourgeois & habitans d'icelle, Sa Majefté à ordonné & ordonne ce qui enfuit, qu'elle veut eftre gardé & obferué tres exactement.

S'i l furuient en ladite Ville quelque émotion ou fedition, le Capitaine du quartier où en fon abfence fon Lieutenant, & en l'abfence de celuy-cy, fon Enfeigne, feront battre incontinent le Tambour, pour aduertir les Bourgeois qui font demeurez armez, de prendre leurs armes.

A v fon dudit Tambour, lefdits Bourgeois prendront promptement leurs armes, & fe rendront en la Maifon dudit Capitaine, de fon Lieutenant, ou de fon Enfeigne; ou de l'vn en l'abfence de l'autre, pour reçeuoir fes ordres, à peine, contre les deffaillans & contreuenans, d'eftre procedé contre eux comme deffobeïffans & rebelles aux commandemens de fa Majefté, & complices de l'émotion ou fedition, & d'eftre refponfables des defordres qui arriueront.

Qve le Capitaine du quartier, fes Lieutenant & Enfeigne, l'vn en l'abfence de l'autre, donneront aduis au Colonel du quartier, & aux Commiffaires eftablis par fa Majefté a l'Hoftel de Ville, de l'émotion ou fedition furuenuë, & des ordres qu'ils auront apporté pour en arrefter le cours.

L e s Commiffaires de l'Hoftel de Ville informeront fans delay de l'émotion ou fedition, le Gouuerneur, s'il eft prefent en ladite Ville, & en son absence, le premier President, du Parlement, côme aussi le Sergent Major, afin que ledit Sieur Gouuerneur, & ledit Sieur premier President en son absence, pouruoye & donne l'ordre conuenable pour arrester l'émotion ou sedition ainsi qu'il verra estre à faire pour le mieux.

Qve le Lieutenant au vieil-Palais, ou celuy qui y commandera en son absence, suiuant les ordres qui leur seront donnez par ledit Sieur premier President, en l'absence dudit Sieur Gouuerneur, sortiront auec des forces dudit Palais en la Ville, & pouruoiront à la seureté d'icelle, ainsi qu'iceluy Sieur premier President en l'absence dudit Sieur Gouuerneur, iugera estre à faire par raison.

Les Capitaines des Harquebusiers & de la Cinquantaine, se rendront auec leurs Compagnies au lieu ou il leur sera ordonné par ledit Gouuerneur, & en son absence par ledit Sieur premier President, & s'employeront pour arrester le cours du desordre, émotion ou sedition, suiuant son commandement.

Vevt sa Maieste', la presente Ordonnance estre publiée en ladite Ville, à son de Trompe & cry public, & affichée en tous les lieux accoustumez, afin qu'aucun n'en puisse pretendre cause d'ignorance. DONNE' à Saint Germain en Laye le septiesme iour de Feburier mil six cens quarante. Signé, LOVIS. Et plus bas PHELYPEAVX.